과학자와 놀자!

2003년 1월 3일 초판 1쇄 발행
2025년 9월 2일 초판 46쇄 발행

지은이　　김성화·권수진
그린이　　이광익

펴낸이　　염종선
책임편집　김이구 신수진 김태희 김민경 박상육
디자인　　강문정
펴낸곳　　(주)창비
등록　　　1986. 8. 5. 제85호
제조국　　대한민국
주소　　　10881 경기도 파주시 회동길 184
전화　　　031-955-3333
팩스　　　031-955-3399(영업) 031-955-3400(편집)
홈페이지　www.changbikids.com
전자우편　enfant@changbi.com

ⓒ 김성화·권수진, 이광익 2003
ISBN 978-89-364-4534-8　73400

*이 책 내용의 일부 또는 전부를 재사용하려면 반드시 저작권자와 창비 양측의 동의를 받아야 합니다.
*책값은 뒤표지에 표시되어 있습니다. *KC마크는 이 제품이 공통안전기준에 적합하였음을 의미합니다.
*사용 연령: 5세 이상 *종이에 베이거나 긁히지 않도록 주의하세요.

김성화·권수진 글 | 이광익 그림

창비

머리말

과학자와 놀자!

내가 아는 어떤 아이가 일기에 이렇게 썼단다.
'나는 영양가 있는 음식을 싫어한다!'
이 글을 읽는 순간 나는 단박에 알아챘어. 엄마와 아이 사이에 밥상을 앞에 두고 무슨 일이 벌어졌는지.
"이건 영양가 좋은 음식이니 어서 먹어!"

사실은 아주 오래 전부터 너희에게 과학자 이야기를 들려주고 싶었단다. 내가 감동에 겨워 신나게 읽은 이야기들을 너희에게도 꼭 들려주고 싶은데! 하지만 과학자 이야기가 너희들이 싫어하는 영양가 있는 음식처럼 될까 봐 걱정도 되었어.

알고 보면 과학자들은 바보 같고 재미있고 용감하고 정직한 사람들이란다. 그런데 과학자 이야기는 재미없다고?

그건 위인전이 재미없기 때문이야. 나는 어릴 때 위인전이 정말로 읽기가 싫었단다. 위인들은 너무 위대해서 나는 절대 훌륭한 사람이 될 수 없을 것 같았어.

그런데 이제 알게 되었어. 위인들도 사실은 우리같이 평범하고 소박한 사람들이었다는 것을.

이 책에 나오는 과학자들도 그렇단다.

과학자들은 자기가 위대한 줄도 몰랐어. 한 사람 한 사람이 그저 작은 궁금증을 풀려고 부지런히 일했을 뿐인데, 그것들이 오랫동안 모이고 모여서 세계를 바꾼 큰 발견이 되었단다.

이 이야기를 읽다 보면 알게 될 거야. 과학자들이 무슨 생각을 했는지, 어떻게 공부했는지, 어떻게 발견했는지, 자연에 숨어 있던 놀라운 비밀들이 얼마나 어렵게 어렵게 밝혀져 왔는지…….

그리고 덤으로 이런 것도 알게 된단다. 위대한 과학자들도 놀러 다니기 좋아하고, 숙제도 안 하고, 고민도 많았다는 것을.

그래서 말인데, 나는 이 이야기가 너희에게 영양가도 있고 맛은 훨씬 더 좋은 책이 되었으면 좋겠어.

이제 나는 너희에게 내가 아는 과학자들의 이야기를 들려주려고 해. 엉뚱하고 재미나고 또 슬프기도 한 이야기!

2002년 11월
갈릴레이를 좋아하는 김성화·권수진으로부터

차례

머리말 과학자와 놀자! 4

'제멋대로 나라'와 '언제나 똑같이 나라' 10

자연의 수수께끼를 풀자 탈레스 14

1800살의 선생님 아리스토텔레스 24

하늘 뚜껑 이야기 34

지구가 쌩쌩 달리고 있다! 코페르니쿠스 38

우주는 완전할 거야 48

행성의 길은 타원이야 케플러 52

진짜 과학이 시작되다 66

망원경으로 맨 처음 하늘을 관찰한 이야기 갈릴레이 68

앗, 달이 지구로 떨어지고 있어! 뉴턴 86

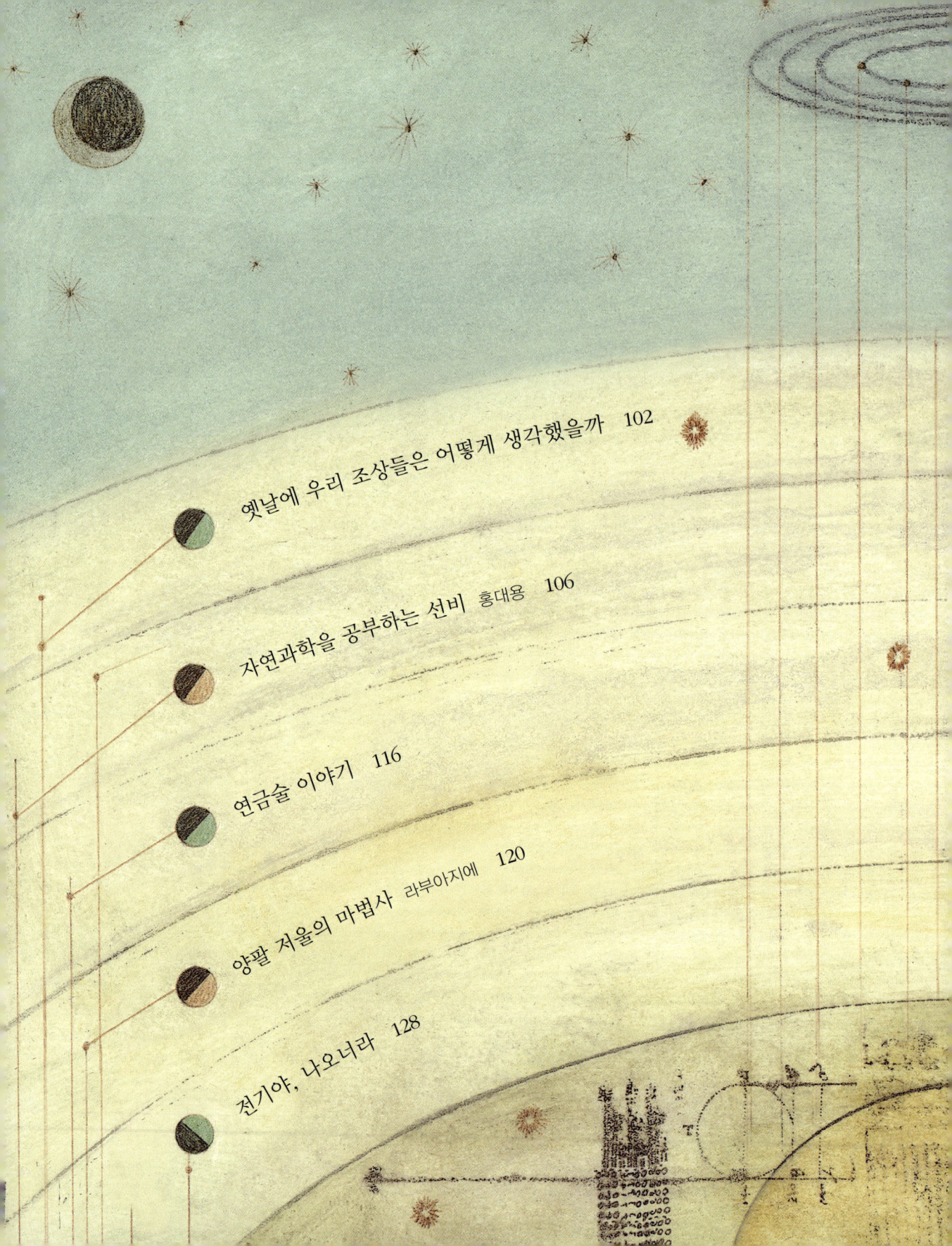

옛날에 우리 조상들은 어떻게 생각했을까 102

자연과학을 공부하는 선비 홍대용 106

연금술 이야기 116

양팔 저울의 마법사 라부아지에 120

전기야, 나오너라 128

인쇄공 프랭클린, 과학자가 되다 프랭클린 132

전기와 자기는 쌍둥이 144

세상에서 가장 부지런한 과학자 패러데이 146

우주의 구조를 상상하다! 아인슈타인 164

맺음말 과학자와 재미있게 놀았니? 186

'제멋대로 나라'와 '언제나 똑같이 나라'

앨리스는 조금 시끄럽지만, 용감하고 상상하기 좋아하는 여자아이란다. '이상한 나라'의 그 앨리스 말이야.

어느 여름날, 앨리스는 언니와 함께 언덕에 앉아 있었단다. 언니는 책을 보고, 앨리스는 하는 일 없이 옆에 앉아 있었지. 앨리스는 슬슬 지겨워지기 시작했어. 한두 번 언니가 읽고 있는 책을 슬쩍 들여다보았는데, 그건 그림도 대화도 전혀 없는 책이었단다. 그래서 앨리스는 상상을 하기 시작하지. 상상을 하다가 잠이 들어 버렸는지도 몰라. 어쨌든 앨리스는 상상 속의 이상한 나라로 들어간단다.

앨리스처럼 나도 이따금 이상한 나라를 상상해 본단다. 이곳이 지구가 아니라 이상한 나라라고 말이야.

짜잔! 이곳은 '언제나 똑같이 나라'야.

잠자는 숲속의 공주가 잠들어 있는 마법의 성처럼 모든 것이 멈추어져 있어. 해는 늘 똑같은 곳에 떠 있고, 달도 하늘에 꼭 박혀 움직이지 않아. 바람도 불지 않고, 강물도 흐르지 않지. 어제도 오늘도 내일도 똑같아.

지구가 이런 곳이라면 얼마나 지겨울까? 언제나 똑같으니 다음 일이 궁금하지 않지. 태양은 왜 움직이고, 바람은 어디서 불어오고, 강물은 왜 흐르는지 생각할 필요도 없을 거야.

이번에는 거꾸로 생각해 본단다.

이곳은 '제멋대로 나라'야.

아침이 되어도 해가 뜨는 걸 잊어버리거나, 밤이 되어도 지지 않거나. 달도 둥그렇다가 뾰족했다가, 동에 번쩍 서에 번쩍. 이런 나라에서는 공놀이도 할 수 없어. 공이 땅바닥에 딱 붙어 버리는가 하면 폭탄처럼 날아가 버리니까. 사람이 둥둥 떠다니고, 물이 거꾸로 바다에서 산으로 흐르고…….

이런 곳에서는 내일 일이 어떻게 될지 도무지 알 수 없어. 모든 것이 뒤죽박죽이야. 자연에서 일어나는 여러 가지 일들에 대해 아무리 생각하고 추측해 보았자 쓸모가 없지.

다행히 우리가 살고 있는 지구는 '제멋대로 나라'와 '언제나 똑같이 나라'의 중간이란다. 지구에서는 모든 것이 움직이지만 제멋대로 움직이는 것은 아니야. 어떤 규칙이 있지. 바람이 불고 번개가 치고, 비가 내리고 해와 달과 별이 뜨고 지고, 이 모든 것 뒤에는 자연의 법칙이 숨어 있단다.

정말 그런 법칙이 있다면 알고 싶겠지? 궁금하겠지? 자연의 수수께끼를 풀려고 하겠지? 그래서 사람들은 생각도 하고 공부도 하게 되었단다. 언제부터? 아주 아주 옛날부터!

이리하여 지겹고 지겨운 공부가 탄생하게 된 것이란다.

하기 싫은 공부를 해야 하는 것도 자연의 법칙을 따라 움직이는 아름답고 조화로운 지구에 살고 있기 때문이라고 생각하면 좀 덜 억울하지 않을까.

자연의 수수께끼를 풀자

맨 처음 자연의 수수께끼를 풀려고 생각한 사람은 누구일까?

나는 그가 옛날 옛날 까마득히 먼 옛날에 살던 원시인이 아니었을까 생각한단다. 불을 발견하고 움막을 짓고, 깜깜한 동굴 벽에 그림을 그린 원시인! 하지만 나는 그 사람의 이름을 모른단다. 어떤 책에도 그 이름은 나오지 않는단다. 그때는 글자가 없었기 때문에. 할 수 없다! 역사책을 앞으로 쭉쭉 넘겨 보자. 기원전 육백 년쯤에 이르면 드디어 이름 하나가 나온단다.

그 사람은 태풍이 치고 홍수가 나고 해와 달이 뜨고 지는 것은 다 이유가 있기 때문이라고 생각했어. 그리고 곰곰이 생각하고 관찰하면 그 이유를 알 수 있다고 했지. 그는 그리스 동쪽의 밀레토스에 사는 탈레스라고 하는 사람이었단다.

탈레스의 별명은 '구름 잡는 이야기만 하고 다니는 별난 사람'이었어. 탈레스가 하루 종일 생각하는 것은 이런 것들이었단다.

이 세상은 무엇으로 되어 있을까?
이 세상에 변하지 않는 게 있을까? 있다면 그것은 무엇일까?
땅덩어리는 어떻게 생겼을까?
태양은 무엇으로 되어 있을까? 얼마나 클까?

그때는 자연에 비밀이란 없다고 생각하는 사람들이 훨씬 많았을 때란다. 모든 것은 신의 뜻이다, 참새가 날아가다 머리에 똥을 싸는 것도 신의 뜻이다라고 말이야. 하지만 탈레스는 '참새가 내 머리에 똥을 싸는 게 정말 신의 뜻일까?' 하는 문제를 진지하게 생각하고 있었단다.

 ## 맨 처음 과학자 탈레스

 탈레스는 여행을 너무 좋아해서 하루도 집에 붙어 있는 날이 없었어. 틈만 나면 배를 타고 멀리 항해를 떠나서 어머니를 걱정시켰단다.
 "탈레스야, 제발 집에 좀 붙어 있어라. 도대체 장가는 언제 갈 거냐?"
 가엾은 탈레스의 어머니! 하지만 탈레스는 장가드는 일에는 눈곱만큼도 관심이 없었어. 예쁜 여자에게 장가드는 것보다 더 재미있는 일이 너무 많았지.
 탈레스는 알고 싶은 게 너무너무 많았어. 떠돌아다니기 좋아하고, 머릿속에는 엉뚱한 생각만 가득 차 있으니 가난하기 딱 좋잖아? 그런 탈레스를 두고 사람들은 이렇게 수군거렸어.

탈레스

"아는 것은 많은데 땡전 한 푼 없으니, 그렇게 많이 알아봤자 무슨 소용이람."

사람들이 놀려 대는 게 하도 지긋지긋해서 하루는 탈레스가 꾀를 내었어.

'좋다, 뭔가 보여주겠다.'

탈레스는 공부를 많이 해서, 별을 보고 하늘의 일기를 미리 알 수 있었어. 탈레스는 다음 해 올리브 농사가 대풍이 될 것을 미리 알고 올리브 기름 짜는 기계를 모조리 헐값에 사들였어.

어머니는 그런 탈레스를 보고 혀를 끌끌 찼지.

"갈수록 태산이구나."

"글쎄, 두고 보시라니까요."

탈레스는 날이면 날마다 기계를 사 모았어.

탈레스의 짐작대로 다음 해 올리브 농사는 대풍이었어. 그런데 올리브 기름 짜는 기계란 기계는 탈레스가 다 사들였기 때문에 사람들은 탈레스에게 몰려

왔단다. 탈레스는 속으로 웃으며 아주 비싼 값에 그 기계를 빌려 주었어.

좋은 방법은 아니었지만, 탈레스는 자기도 마음만 먹으면 부자가 될 수 있다는 것을 사람들에게 보여 주었지. 하지만 탈레스는 사연에 대해 알고 싶을 뿐, 부자가 되는 일에는 별로 관심이 없었단다. 그래서 계속 가난하게 살았어.

그런데 어느 날 가난뱅이 탈레스가 갑자기 존경받게 되는 일이 일어난단다. 그것은 탈레스가 일식을 예언했기 때문이야.

일식은 달이 해를 가리기 때문에 마치 해가 사라진 것처럼 보이는 현상이야. 하지만 옛날 사람들은 일식이 어떻게 일어나는지 몰랐어. 하늘에서 갑자기 해가 사라지는 건 무시무시한 괴물이 해를 먹기 때문이라고 생각했어. 그

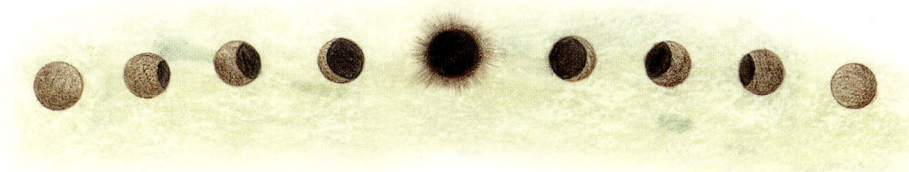

래서 일식이 일어나면 사람들은 해를 구하려고 공중으로 물을 뿜어 올린다, 활을 쏜다, 이만저만한 난리가 아니었지.

　탈레스는 '괴물이 해를 먹는 비밀'을 알고 있었어. 언제 일식이 일어날지도 알고 있었지. (탈레스는 여행을 하다가 이집트와 바빌로니아의 천문학자들한테서 일식이 주기적으로 일어난다는 것을 배웠단다.) 그래서 미리 사람들에게 떠벌리고 다녔어.

　"조만간 해가 사라질 테니, 잘 지켜들 보시구려."

　사람들은 흥, 콧방귀를 뀌었어.

　그런데 정말 일식이 일어났단다! 사람들은 우왕좌왕 겁에 질려 어쩔 줄을 몰랐어.

　그날 이후로 탈레스의 이름은 단박에 유명해졌어. 아무도 가난뱅이 탈레스라 부르지 않았지. 대신 이렇게 불렀단다. '오, 지혜로운 탈레스여!'

　어머니도 잔소리를 거두었고, 탈레스는 이제 사람들에게 방해받지 않고 하고 싶은 연구를 마음껏 할 수 있게 되었단다.

자연은 알 수 있다!

 탈레스가 죽을 때까지 알고 싶던 것은 이것이었어.
 '이 세상은 무엇으로 되어 있을까, 태양은 무엇으로 되어 있을까, 불은 무엇으로 되어 있을까, 나무는 무엇으로 되어 있을까, 맨 처음 이 세상에는 무엇이 있었을까?……'
 탈레스는 이 세상의 근본이 되는 어떤 한 가지를 찾으려고 했어. 그건 정말, 모든 것의 제일 또 제일 근본이 되는 것이어야 했어.
 '이 빵은 무엇으로 만들어졌을까'라고 생각한 사람은 있을지 몰라도 '이 세상은 무엇으로 되어 있을까'라고 진지하게 생각한 사람은 탈레스가 처음이었어. 탈레스는 이렇게 엉뚱한 질문을 던지고 해답을 찾으려고 노력했어.

그리고 해답을 찾았단다! 그것은 바로 '물'이었어!

　탈레스는 나무나 우유, 구름, 흙 등 이 세상의 모든 것은 물이 변해서 된 것이라고 생각했어. 사람도 동물도 식물도 돌도! 아주 아주 옛날에는 물밖에 없었는데, 물에서 모든 것이 생겨났다고 말이야.

　이것은 절대로 웃을 일이 아니란다. 탈레스가 '모든 것은 물로 되어 있다'라고 말한 것은, 오늘날 과학자들이 '모든 것은 원자로 되어 있다'라고 말한 것과 같단다. 탈레스는 오랫동안 끈질기게 생각하고 관찰해서 그런 해답을 얻은 것이란다.

　물은 아주 이상하고 신비해. 꽁꽁 얼어서 단단하게 되기도 하고, 팔팔 끓어서 수증기가 되기도 하지. 물은 우리 곁에 가까이 있으면서 고체로, 액체로, 기체로 변할 수 있어. 살아 있는 모든 것은 자기 속에 물(습기)을 가지고 있지. 그래서 탈레스는 물이 아주 중요한 물질이라고 생각했단다.

　그런데 애석하게도 이것은 틀린 답이었어. 하지만 틀려도 좋아. 중요한 것은 탈레스가 지구와 우주의 비밀을 알 수 있다고 생각했다는 거야. 자연은 너무 복잡해서 이해할 수 없는 것처럼 보이지만, 끈질기게 생각하고 찬찬히 관찰하면 아무리 불가사의하게 보이는 일이라도 이해할 수 있다고 말이야.

　탈레스는 집에다 조그만 학교를 열고 제자들을 가르쳤어. 탈레스의 학교는 자유로웠단다. 제자들은 언제나 스승에게 꼬치꼬치 질문하고 반박할 수

있었어. 모두들 질문하고 토론하고, 스스로 해답을 찾았지. 제자들은 나중에 선생님만큼 유명해졌어.

　어느 뜨거운 여름날 탈레스는 운동 경기를 보러 갔단다. 그리고 그곳에서 숨을 거두었어. 사람들이 떠나고 난 뒤, 계단 위에 마치 잠자는 사람처럼 쓰러져 있었어. 그때 탈레스는 벌써 나이 많은 노인이었단다.

　탈레스가 죽은 뒤에 탈레스처럼 자연과 우주와 인간에 대해 엉뚱한 생각을 하는 사람들이 많이 나타났어. 그들이 바로 최초의 철학자들이란다. 철학자란 '지혜를 사랑하는 사람'이라는 뜻이야.

　최초의 철학자들은 자연과 인간에 대해 질문을 던지고 토론하고, 책을 쓰고 제자들을 가르쳤어. 이때는 철학과 과학이 같은 말이었지. 지금은 인간을 연구하는 사람들을 철학자라고 부르고, 자연을 탐구하는 사람들을 과학자라고 부른단다.

1800살의 선생님

과학을 공부하다가 나는 옛날 사람들을 달리 보게 되었단다. '정말 똑똑하고 호기심이 많은 사람들이야!'라고 말이야.

이제부터 옛날에 살았던 한 천재 할아버지의 이야기를 하려고 한단다. 너희가 좀 더 커서 하고 싶은 공부를 하게 되면, 어떤 분야에서든지 꼭 한 번 등

아리스토텔레스

장하는 할아버지란다. 정치, 문학, 철학, 과학, 예술 책에.

혹시 들어 보았니? 아리스토텔레스 할아버지. 나는 이 할아버지가 빌 게이츠보다 더 똑똑한 할아버지라고 말하고 싶단다.

아리스토텔레스는 기원전 384년에 그리스 북쪽 스타기라라는 마을에서 태어났어. 그때면 지금으로부터 거의 2400년 전이잖아. 시험이 있는 것도 아니고 상을 주는 것도 아닌데, 아리스토텔레스 할아버지는 날마다 열심히 공부했어.

하지만 아리스토텔레스 할아버지는 열일곱 살 때까지는 열심히 놀기만 했단다. 열일곱 살이 되어서야 학교에 들어갔지. 그런데 공부도 노는 것만큼 재미있었어. 그래서 그때부터 여든두 살까지 65년 동안 공부만 했단다.

아리스토텔레스 할아버지의 업적은 너무 위대해서 한마디로 딱 잘라서 얘

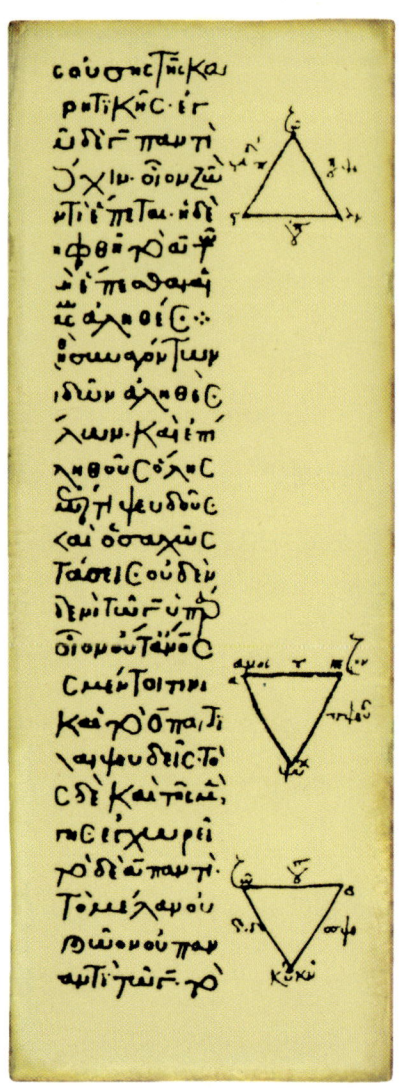

아리스토텔레스가 쓴 논리학 교과서 『분석학』을 후대에 옮겨 적은 원고의 한 부분이야.

기할 수 없단다. 할아버지는 오백 종이 넘는 동물과 식물 들을 연구하고, 알이 어떻게 새끼로 자라나는지 관찰하고, 우주와 별과 지구를 연구하고, 광물을 조사하고, 자연 속에서 일어나는 여러 가지 운동들을 연구하고, 정치와 철학과 문학과 연극에서도 뛰어난 이론을 세웠어. (에구, 숨차라.)

솔직히 말하면, 나는 아직도 아리스토텔레스 할아버지가 한 일을 다 알지 못한단다. 아리스토텔레스 할아버지는 자기가 알게 된 것을 모두 책으로 썼어. 그렇게 해서 죽을 때까지 삼백 권이 넘는 책을 썼단다. 그 책들은 이 세상 거의 모든 학문의 시초가 되었어. 학문의 '단군 할아버지' 아리스토텔레스 만세!

 ## 아리스토텔레스 집에 가 보자

아리스토텔레스는 이것저것 모으기를 좋아했단다. 여러 가지 표본들과 돌멩이, 쇠붙이, 희귀한 나무와 풀, 신기한 동물들과 벌레들……. 이런 것들이 아리스토텔레스가 열심히 모으는 것이었어. 그래서 아리스토텔레스의 집은 마치 고물 수집상과 식물원, 동물원을 한데 섞어 놓은 것 같았지.

아리스토텔레스에게는 따르는 제자들이 아주 많았는데(그 유명한 알렉산더 대왕도 아리스토텔레스의 제자였어), 제자들은 먼 나라로 여행을 가면 선생님을 위해 신기한 동물과 식물 들을 구해서 보내 주었어. 아리스토텔레스가 좋아하니까 제자들은 자꾸만 보내 주었단다. 그래서 아리스토텔레스의 집은 점점 더 뒤죽박죽으로 되어 갔지.

나는 그 집을 상상해 본단다. 천장에는 박제된 동물들이 주렁주렁 매달려 있고, 돌멩이들과 쇠붙이들이 널려 있고, 구석에서는 희귀한 식물들이 자라고, 여기저기에서 동물들이 제각각 다른 소리를 내며 울어 대고…….

아리스토텔레스는 어느 날 자기가 모아 놓은 잡동사니 보물들을 바라보다가 머리를 감싸 쥐고 중얼거렸어.

"모든 게 뒤죽박죽이야. 질서가 없군!"

아리스토텔레스는 제멋대로 굴러다니는 물건들을 하나하나 정리하기 시작했어. 양배추는 식물, 도토리도 식물, 강아지는 동물, 수정은 광물…….

아리스토텔레스는 집에 있는 사물뿐만 아니라 이 세상에 뒤죽박죽 흩어져 있는 다른 것들도 질서 있게 정리해야겠다고 생각했단다.

우선 이 세상에 있는 모든 것을 무생물과 생물로 나누고, 생물은 다시 식물과 동물과 사람으로, 동물은 척추 동물과 무척추 동물로 나누고…….

그런데 이 세상에 있는 모든 것들을 일일이 분류하고 체계를 세우는 일이 보통 어려운 게 아니었어. 그래서 다시 곰곰이 생각하게 되었지.

'양배추는 무엇인가, 나비는 무엇인가, 개는 무엇인가, 돌멩이는 무엇인가, 이것은 왜 이것이고 저것은 왜 저것인가…….'

이 말이 무슨 엉뚱한 소린가 하고 웃지 말기를. 아리스토텔레스는 양배추와 개와 돌멩이의 차이를 생각하다가 철학과 과학을 발전시키게 되었단다.

이 세계의 비밀을 알아내는 법

　이 모든 일을 할 때 아리스토텔레스가 가장 중요하게 생각한 것은 '관찰'이었단다. 아리스토텔레스는 자기가 모아 놓은 보물들을 열심히 관찰했어. 재미있는 책도 썼고. 하지만 그뿐이었으면 아리스토텔레스는 글솜씨 좋고 관찰력 뛰어난 수집광이기는 해도 훌륭한 과학자가 되지는 못했을 거야.
　아리스토텔레스는 관찰을 아주 아주 열심히 한 첫 번째 과학자란다. 온갖 잡동사니들을 부지런히 모은 것도 잘 관찰하기 위해서였어. 가까이 있고 늘 볼 수 있어야 잘 관찰할 수 있잖아?
　아리스토텔레스는 자연에서 일어나는 일들을 관찰하는 일이 매우 중요하다고 생각했단다. 이것은 스스로 깨달은 것이었어. 아리스토텔레스의 선생님은 말씀하시길, 자연을 관찰하는 것은 쓸모 없는 일이라고 했단다. 눈에 보이는 것은 다 헛것이니라, 하고 말이야.

하지만 아리스토텔레스는 다르게 생각했지. 눈에 보이는 것이나 자연에서 일어나는 일들을 잘 관찰하지 않으면 이 세상의 비밀을 알 수 없다고 생각했어.

지구가 둥글다는 것, 돌고래가 물고기가 아니라 새끼를 낳는 포유동물이라는 것, 달걀 노른자 속의 작은 점이 나중에 병아리가 된다는 것……. 이런 것들을 아리스토텔레스는 세심한 관찰을 통해 알아냈단다. 제자들에게도 자연을 잘 관찰해서 이 세계의 비밀을 알아내라고 가르쳤어.

그런데 자연을 관찰하는 것은 좋은데, 그것을 남에게 설명하자니 문제가 생겼어. 예를 들어 똑같은 이슬을 보고 칠칠이는 하늘에서 내린 것이라 하고, 팔팔이는 풀잎이 밤새 흘린 눈물이라고 한다면 어느 쪽이 맞을까? 그래서 아리스토텔레스는 사람들이 어떻게 자연을 연구해야 하는지에 대해 책을 썼단다. 바로 『도구』라는 책이야.

『도구』는 망치나 톱에 관한 책이 절대로 아니란다. 아리스토텔레스가 말한 도구는 '이론'이었어.

요즘은 '이론'이라는 말이 나쁘게 쓰이기도 하지. 행동은 하지 않고 말 많고 잘난 척하는 사람을 이론가라고 부르잖아? 아리스토텔레스가 말한 '이론'

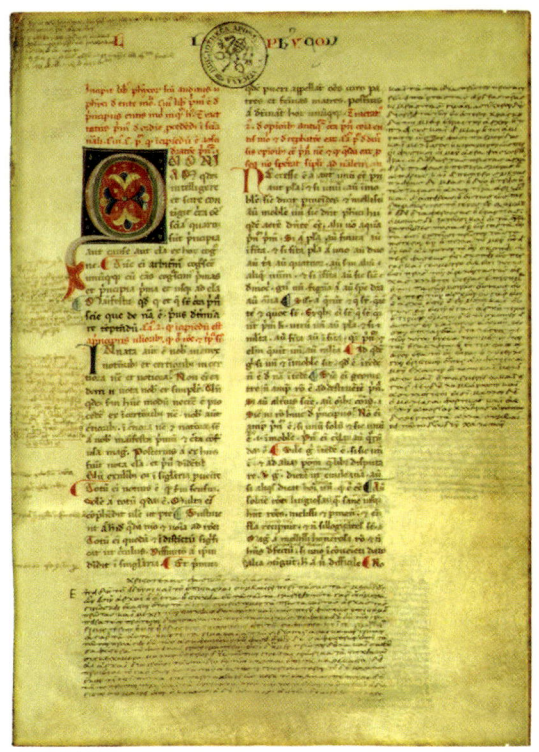

아리스토텔레스의 『자연학에 대하여』를
라틴어로 옮겨 적은 원고의 한 부분이야.

은 그런 것이 아니야. 자연을 잘 관찰하고 탐구한 뒤 그 내용을 설명할 때 필요한 것이 바로 '이론'이란다.

예를 들어 누군가가 '일식은 괴물이 해를 삼키는 것이다'라고 주장할 수도 있지. 하지만 이것은 이론이 아니야. 진짜 이론이 되려면 사람들이 묻는 어떤 질문에도 당당하게 대답할 수 있어야 해.

"괴물은 언제 해를 먹나? 아무 때나 먹나? 배고플 때 먹나?" 또는 "다시 해가 나타나는 것은 왜 그런가? 괴물이 해를 토하는 건가?" 등의 질문에 합리적인 대답을 할 수 있어야 하는 거지.

그러니까 다른 어떤 대답보다 질문에 명쾌하게 답할 수 있는 것이 진짜 이론이란다. 이렇게 이론을 세우려고 할 때 아리스토텔레스의 책 『도구』가 도움을 준단다. 이론을 올바로 세웠는지, 실수는 없었는지, 빠뜨린 것은 없는지…….

아리스토텔레스가 무척이나 지혜롭고 공부도 많이 하고 학생들도 잘 가르쳤기 때문에, 모두들 아리스토텔레스를 위대한 스승님이라고 떠받들었어. 아리스토텔레스가 죽은 후에도 조금도 변함 없이 존경했단다. 그래서 아무도 아리스토텔레스의 실수를 눈치채지 못했어. 그렇단다. 아리스토텔레스도 실수를 했단다. 오늘날에 보면 틀린 이론도 많이 세웠지. 그는 아주 아주 옛날에 태어났으니까.

그런데 후대 사람들이 아리스토텔레스를 너무 존경한 나머지 더 큰 잘못을 저지르고 말았단다. 자연에 대해서 더 이상 연구할 생각은 않고 아리스토텔레스의 책만 달달 외웠으니 말이야. 아리스토텔레스의 말과 다르면 무조건 틀리다고 생각했어. 그래서 과학의 역사는 한참 느리게 굴러가게 되었단다.

하늘 뚜껑 이야기

이제부터 너는 원시인이야. 머리를 덥수룩하게 기르고 허리에는 나뭇잎을 두르고, 무시무시한 짐승들이 공격할지 모르니까 튼튼한 방망이도 하나 들었겠지?

지금은 밤이야. 방금 어른들이 잡아온 곰을 배불리 먹었어. 폭신한 나뭇잎을 깔고 배를 둥둥 두드리며 기분 좋게 누워서 하늘을 보는 거야. 불빛이라곤 없는 깜깜한 숲속의 밤하늘을 상상해 봐.

별을 보다가 너는 갑자기 궁금해졌어. 그래서 아버지한테 물었지.

"아버지, 별이 뭐예요? 왜 저 위에서 반짝이는 거예요?"

아버지가 말씀하셨어.

"별은 용감한 사냥꾼들이 하늘에서 피우는 모닥불이다."

"그런데 왜 아래로 떨어지지 않아요?"

"……."

아버지라고 모든 것을 알 수는 없지.

너는 호기심이 많은 아이야. 벌떡 일어나서 추장 아저씨한테 갔어. 추장 아저씨는 모르는 게 없지.

"추장 아저씨, 별은 왜 아래로 떨어지지 않아요?"

추장 아저씨가 말했어.

"별은 하늘에 있는 등불이다. 하늘 뚜껑에 단단히 매달려 있어서 절대로 떨어지지 않는다."

"아하! 그럼 하늘 뚜껑이 하루에 한 번 도는 거네요. 낮에는 별들이 사

라졌다가 밤이 되면 다시 나타나니까요."

"그렇다. 너는 똑똑한 아이다."

너는 으쓱해져서 나뭇잎 침대로 돌아와 쿨쿨 잠이 들었어.

너희가 원시인 아이였다면 어떻게 생각했을까? 책도 없고 텔레비전도 없고 과학자도 없고 학교도 없다면, 원시인 아이와 추장 아저씨보다 별과 우주에 대해 더 나은 생각을 할 수 있었을까?

우리는 우주가 끝없이 넓다는 것을 알고 있지만 옛날 사람들은 몰랐단다. 하늘 높이 올라가면, 어디선가 우주가 끝이 나고 신들의 세계가 시작된다고 생각했지. 그리고 우주 한가운데는 지구가 있고, 태양과 달과 별들이 지구를 하루에 한 바퀴씩 돈다고 믿었단다.

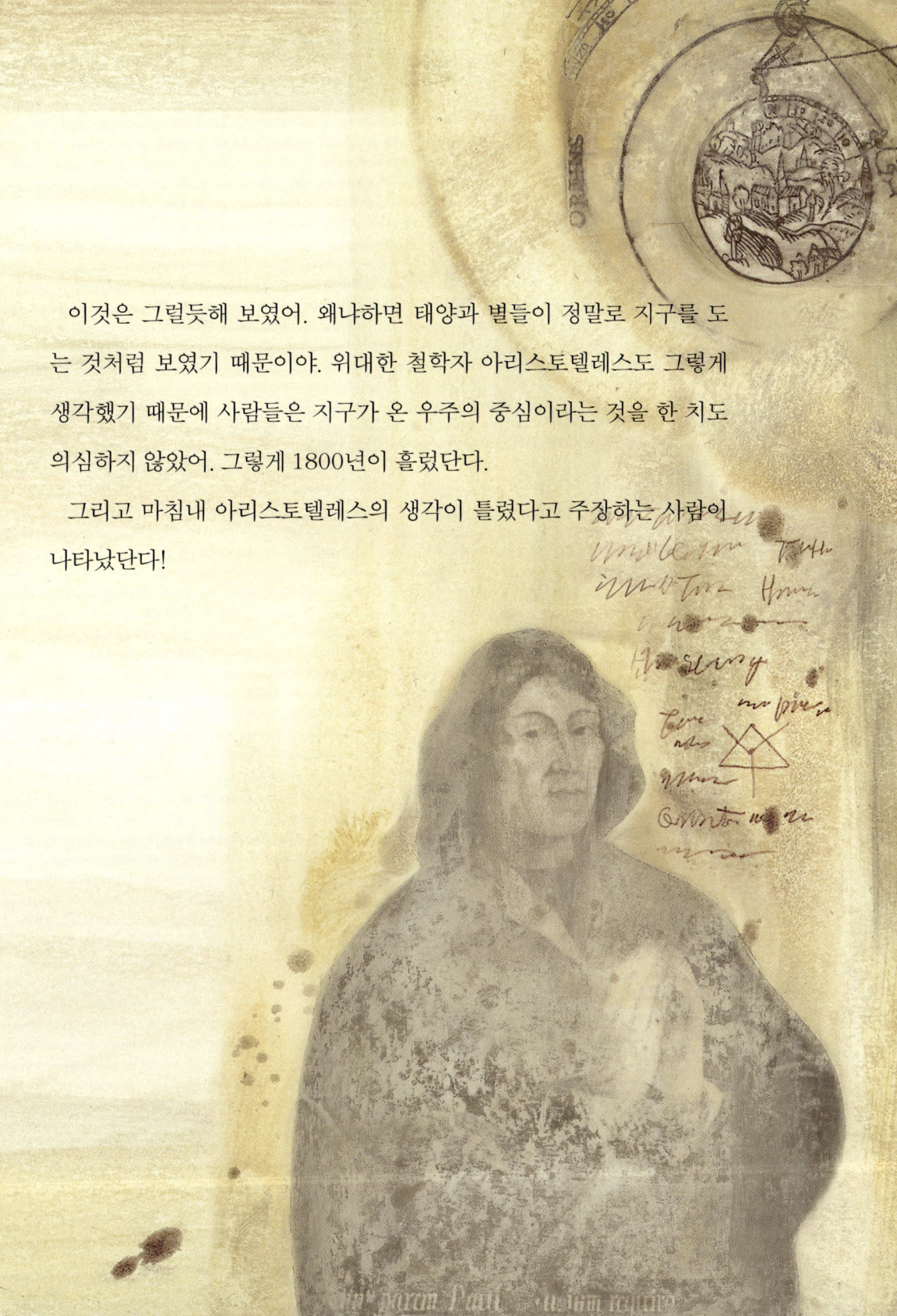

이것은 그럴듯해 보였어. 왜냐하면 태양과 별들이 정말로 지구를 도는 것처럼 보였기 때문이야. 위대한 철학자 아리스토텔레스도 그렇게 생각했기 때문에 사람들은 지구가 온 우주의 중심이라는 것을 한 치도 의심하지 않았어. 그렇게 1800년이 흘렀단다.

그리고 마침내 아리스토텔레스의 생각이 틀렸다고 주장하는 사람이 나타났단다!

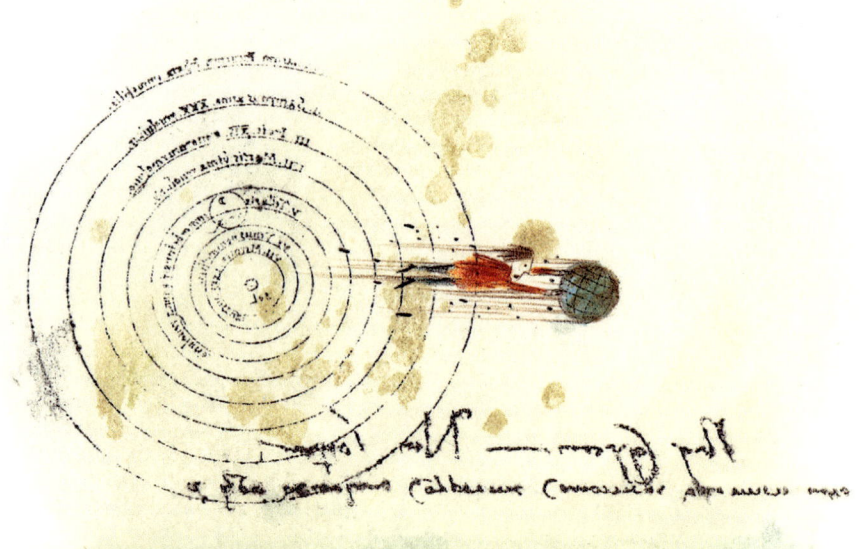

지구가 쌩쌩 달리고 있다!

니콜라우스 코페르니쿠스는 1473년 폴란드의 어느 조그만 도시에서 태어났어. 코페르니쿠스는 죽기 전날 『천체의 회전에 관하여』라는 책을 냈는데, 이 책에서 '지구가 돈다'라고 용감하게 말했단다. 이 말은 온 세상을 발칵 뒤집어 놓았어. 하지만 그것은 코페르니쿠스가 죽은 다음의 일이야. 살아 있을 때는 유명하지도 않았고, 그저 소심하고 평범한 사람이었단다.

코페르니쿠스는 삼촌과 함께 살았어. 열 살 때 아버지가 죽자 삼촌이 데려왔지. 삼촌은 신부였는데, 부자라서 코페르니쿠스가 공부를 많이 할 수 있도록 해주었단다. 삼촌은 코페르니쿠스가 자기처럼 신부가 되거나 아니면 의사가 되기를 바랐어.

코페르니쿠스는 공부를 좋아해서 대학을 무려 네 군데나 다녔단다. 한 곳에서는 수학과 예술을, 다른 한 곳에서는 천문학을, 또 다른 곳에서는 의학을, 그리고 나머지 한 곳에서는 교회법을 공부했지. 하지만 제일 좋아한 것은 천문학이었어. 코페르니쿠스는 어릴 때부터 하늘의 별에 관심이 많았단다.

코페르니쿠스는 서른세 살이 되어서야 공부를 마치고 고향으로 돌아갔어. 주교가 된 삼촌 밑에서 주치의도 하고 비서 일도 했단다.

그런데 어느 날 삼촌이 폴란드 왕의 결혼식에 갔다가 음식을 잘못 먹는 바람에 식중독에 걸려 죽고 말았어. 코페르니쿠스는 조금 슬펐지만 곧 정신을 차리고 그동안 하고 싶었던 천문학 공부를 하기로 했지.

코페르니쿠스는 프라우엔부르크라는 도시로 이사를 가서 교회의 참사 위원이 되었단다. 교회는 호수가 한눈에 내려다보이는 아름다운 곳에 있었어. 이 한적한 곳에서 그가 날마다 한 일은 별을 관측하고, 도서관에 틀어박혀 옛날 과학자들의 케케묵은 책을 읽는 것이었단다. 교회 일은 가끔만 하고 말이야.

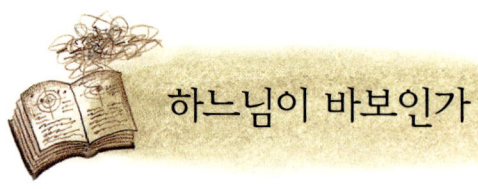
하느님이 바보인가

어느 날 코페르니쿠스는 프톨레마이오스라는 학자가 오래 전에 쓴 두꺼운 책을 읽고 있었어. 프톨레마이오스의 책은 우주를 공부하는 사람들에게 성경만큼 권위 있는 책이었어. 그런데 코페르니쿠스는 이 책을 보다가 머리를 감싸 쥐고 말았단다.

"아아, 머리가 아파서 도저히 못 읽겠군. 뭐가 이렇게 복잡하담."

프톨레마이오스의 이론은 이상하게도 파고들수록 점점 더 어려웠단다. 그것은 프톨레마이오스가 떠돌이별의 수수께끼를 풀지 못했기 때문이야.

옛날에는 화성이나 목성 같은 행성을 떠돌이별이라고 불렀어. 떠돌이별은 하늘 뚜껑에 얌전히 붙어 있지 않고 이리저리 방황하는 것처럼 보였단다. 앞

코페르니쿠스

으로 잘 가다가 뒤로 가질 않나, 뒤로 가다가 불쑥 앞으로 가질 않나…….

프톨레마이오스는 이 이유를 설명하려고 아주 이상한 이론을 만들었어. '행성들이 지구 둘레를 돌기는 도는데 똑바로 도는 것이 아니라 어떤 때는 작은 원을 그리면서 돈다!'라고 말이야. 그렇게 작은 원을 백 개쯤 그려 넣다 보니, 나중에는 우주의 지도가 아주 복잡하게 되어 버렸단다.

코페르니쿠스는 위대한 학자의 말이라고 해도 그대로 믿을 수가 없었어.

'하느님은 무엇이든 할 수 있는데, 우주를 왜 이렇게 복잡하게 만드셨을까? 우주는 하느님이 만드신 거룩한 신전 아닌가. 그렇다면 우주 한가운데 환하게 촛불(태양)을 밝혀 놓는 것이 옳지, 우스꽝스럽게 촛불을 빙글빙글

돌게 만들었을까? 하느님이 바보인가…….'

 코페르니쿠스는 만약 지구가 태양을 돌고 있다면 어떻게 될까 곰곰이 생각해 보았단다. 큰일 날 일은 아무것도 일어나지 않았어! 오히려 지구가 태양을 돌고 있다고 생각하는 것이 훨씬 더 간단했단다. 프톨레마이오스가 주절주절 그려 놓은 작은 원들도 필요 없고, 행성들이 이따금 뒤로 가는 것처럼 보이는 이유도 쉽게 설명이 되었지.

 "그래 맞아! 지구가 태양을 도는 거야!"

 코페르니쿠스는 태양을 가운데 놓고 하느님이 만든 우주의 모습을 종이에 그려 보았어. 그러자 멋지고 간단한 우주의 모습이 나타났지. 코페르니쿠스는 가슴이 벅찼단다.

코페르니쿠스의 일급 비밀

한편으로 코페르니쿠스는 슬그머니 겁이 났단다. 그 당시에는 교회에서 가르치는 대로만 믿어야 했거든.

오랫동안 교회에서는 지구가 우주의 중심이며 태양이 지구를 돈다고 가르쳐 왔어. 그 가르침을 무시하고 지구가 태양을 돈다고 말했다가는 마법사나 마녀로 몰려 죽을지도 모르는 일이었지.

하지만 코페르니쿠스는 곧 교회에서 중요한 일을 맡고 있는 자기의 높은 신분과 존경받는 성직자인 친척들과 명망 있는 학자 친구들을 생각해 보고 조금 안심이 되었단다. 설마 죽이기야 하려고, 하면서 말이야.

그렇다고 해도 함부로 '지구가 돈다'라고 주장할 수는 없었지. 지구가 도는 것이 사실이라면 그것은 일급 비밀에 해당될 일이었으니까.

'어떡한다? 어떡한다?' 코페르니쿠스는 임금님 귀가 당나귀 귀라는 사실을 알게 된 이발사처럼 고민에 빠졌단다.

코페르니쿠스는 고민에 고민을 거듭하다가 이 엄청난 사실을 가까운 친구들에게만 살짝 말했어. 친구들한테는 코페르니쿠스의 생각이 그럴듯하게 들렸어. 그래서 친구들은 또 다른 친구에게 말했지.

"코페르니쿠스가 깜짝 놀랄 말을 했다네. 그 이론을 말하자면…… 이렇다네. 아무한테도 말하지 말게."

그 친구는 또 다른 친구에게 말했어.

"……아무한테도 말하지 말게."

이리하여 코페르니쿠스의 지동설은 학자들 사이에 알려지게 되었단다.

천문학자들은 모이기만 하면 어디서나 코페르니쿠스의 깜짝 놀랄 이론을 가지고 왈가왈부 떠들었어. 하지만 코페르니쿠스 자신은 한 번도 토론에 끼여들지 않았단다. 그저 묵묵히 별을 관측하고 행성들의 움직임을 계산할 뿐이었지. 그리고 자신의 생각 중에 잘못된 부분이 있나 없나 돌아보며 살았단다.

코페르니쿠스는 어느덧 늙고 병든 노인이 되었어. 점점 더 혼자 생각에 잠기는 날이 많아졌지.

 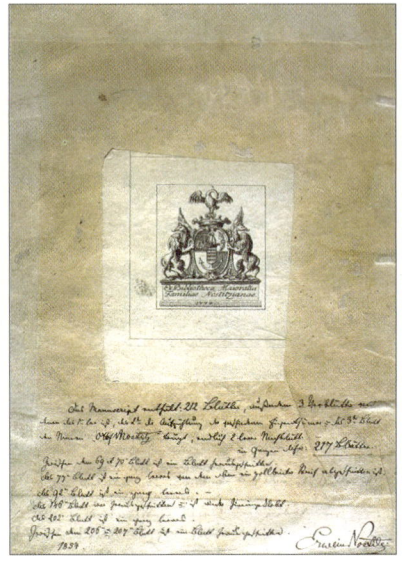

『천체의 회전에 관하여』 책 상자와 첫 번째 페이지란.

'태양은 지구를 돌지 않아. 지구가 태양을 돌지. 이게 진실이야. 말해야지, 말해야지. 당당하게 말해야지.'

코페르니쿠스는 마침내 지동설을 책으로 쓰기로 했단다. 하지만 교황을 슬프게 하거나 화나게 하고 싶지는 않았어. 그래서 책 앞에 누누이 "친구들이 하도 권해서 마지못해 이 책을 출판하게 되었으며, 이 이론은 장차 교황님이 다스리는 공화국에 번영을 가져다 줄 것이며, 존경하는 교황님께 이 책을 바친다."라고 강조했단다.

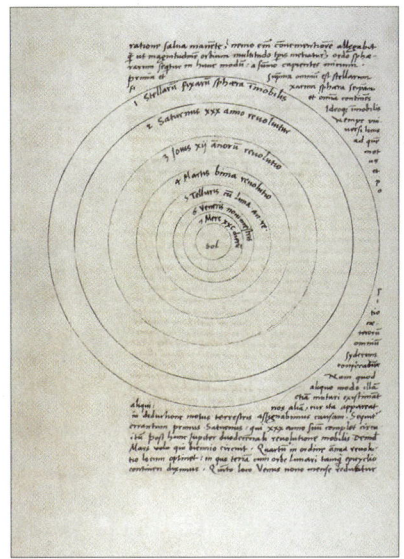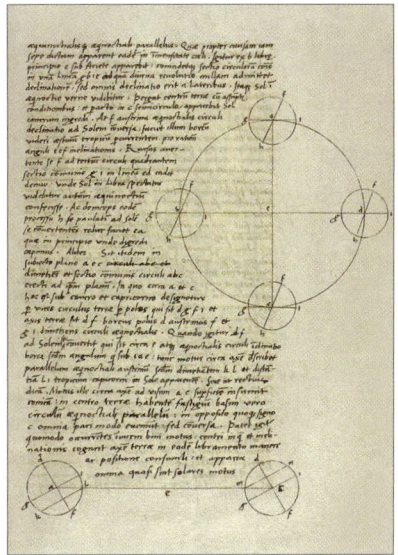

『천체의 회전에 관하여』 본문이란다.

　훗날 세상을 바꾸어 놓은 책 『천체의 회전에 관하여』는 이렇게 탄생했단다. 그러나 책이 세상에 나오던 날, 코페르니쿠스는 죽고 말았어. 교황은 코페르니쿠스에게 벌을 줄 수도, 생각을 물어볼 수도 없게 되었지.

　『천체의 회전에 관하여』가 나오기 전까지 사람들은 누구나 지구가 우주의 중심이며 최고라고 생각했어. 하지만 이제 적어도 몇몇 사람들은 그렇게 생각하지 않게 되었단다. 지구는 우주의 중심이 아니라 그저 멀리 떨어진 태양 둘레를 도는 평범한 행성에 지나지 않을지도 모른다고…….

우주는 완전할 거야

옛날 사람들은 우리와 생각하는 게 많이 달랐어. 우리는 너무 많은 것을 알고 있어서, 옛날 사람들의 생각이 엉뚱하게 여겨지기도 한단다. '어쩌면 그렇게 터무니없는 것을 믿을 수 있을까?'라고 말이야.

옛날 사람들은 지구가 가만히 있고 태양이 지구를 돈다고 생각했고, 더 옛날 사람들은 지구가 네모나고 평평하다고 생각했고, 더 더 옛날 사람들은 별이 하늘의 등불이라고 생각했으니…….

옛날 사람들일수록 바보라서 그럴까?

그건 아니란다. 옛날 학자들도 진리를 알기 위해 얼마나 고민했는지 몰라. 공부하고 또 공부하고 생각하고 또 생각하고……. 이 세상에 대해 진지하게, 최선을 다해 탐구했지. 세상 욕심을 버리고, 스님이 도를 닦듯이 열심히 공부만 한 사람들도 많았어.

다만 옛날 사람들은 우리보다 훨씬 일찍 태어났기 때문에 아는 것이 적었을 뿐이란다. 또 가치 있다고 생각하는 것들이 우리와 달랐어. 예를 들면, 우리는 남보다 잘 되고 개성을 마음껏 표현하기를 원하지만, 옛날 사람들은 모든 사람들이 같은 생각을 가지는 것을 더 좋게 생각했단다. 우리는 자기가 잘났다고 생각하기를 좋아하지만, 옛날 사람들은 조금도 자기들이 잘났다고 생각하지 않았기 때문에, 완전한 것들에 대해 더 많이 생각하고 더 많이 존경을 바쳤어.

그런데 완전한 것은 어디 있을까? 옛날 사람들이 보기에 지구는 아무리 둘러보아도 완전하게 보이지 않았단다. 홍수가 나는가 하면 곧 가뭄이 드니 자연은 변덕스러워 보이고, 땅에는 죄 많은 사람들이 득실거리고…….

그래서 옛날 사람들은 이렇게 생각하게 되었단다. '지구는 완전하지 않지만, 신이 완전한 것처럼 신이 살고 있는 우주는 완전할 거야!'라고 말이야. 우주를 연구하는 천문학자들도 이렇게 생각했지.

옛날 천문학자들한테는 행성들의 움직임을 연구하는 것이 큰일이었단다. 행성들이 어떻게 움직이는지 잘 연구해서 나라의 운명을 점쳤기 때문이야. '나라에 불길한 일이 생길 것이오, 장차 훌륭한 왕이 태어날 것이오.' 하면서.

그런데 천문학자들은 행성들이 원을 그리면서 우주를 돈

다고 생각했단다. 그것도 꼭 동그란 원이어야 했단다! 이 생각에 눈곱만큼도 의문을 품지 않았단다.

옛날 사람들은 원이 중심에서부터 어디든지 길이가 같고 처음도 끝도 없기 때문에, 가장 아름다운 모습을 갖고 있는 도형이라고 생각했어. 그래서 모든 도형 중에서 원이 제일 완전하다고 믿었던 거야. 코페르니쿠스도 원이 아닌 것을 생각하면 소름이 끼친다고 말했을 정도니까.

그런데 어느 날 전혀 다른 주장을 하는 사람이 나타났단다. 행성이 '타원'을 그리면서 돈다는 거야. 너희는 행성의 궤도가 원이면 어떻고 타원이면 어떠랴 하고 생각하겠지만, 타원이야말로 우주의 모습을 정확하게 그리는 비밀의 열쇠였단다.

행성의 길은 타원이야

코페르니쿠스가 죽고 28년 후에 독일의 시골 마을에서 한 아이가 태어났어. 그 아이는 너무 불행하게 자라서, 커서도 손가락질이나 받으며 살 것처럼 보였단다. 다행히 그 아이는 천문학자가 되었고, 아주 훌륭한 발견을 했어. 자기는 몰랐지만, 코페르니쿠스와 뉴턴의 발견을 이어 주는 커다란 공을

케플러

세웠지. 하지만 그의 이름은 교과서에는 잘 나오지 않는단다.

그 사람은 코페르니쿠스나 갈릴레이, 뉴턴만큼 유명하지 않았어. 세상을 떠들썩하게 만들지도 않았고, 후세에 길이길이 전할 멋진 말을 남기지도 않았어. 하지만 나는 그 사람을 존경한단다. 왜냐하면 진정한 과학자이기 때문에! 그 사람은 바로 요하네스 케플러야.

케플러는 행성들이 '타원'을 그리면서 태양을 돌고 있다는 사실을 발견했어. 그것은 코페르니쿠스나 갈릴레이는 결코 알 수 없던 거야.

처음에 케플러는 자기의 발견이 말똥을 가득 실은 수레보다 못하다고 생각하며 슬퍼했단다. 이게 우주의 모습이라니! 행성들이 못생기고 찌그러진 타원을 그리면서 돌고 있다니! 하지만 케플러는 행성들이 타원을 그리며 돈다는 사실을 받아들였어. 왜냐하면 그것이 진실이었기 때문에!

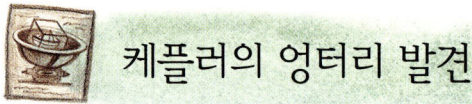 ## 케플러의 엉터리 발견

　케플러의 아버지는 돈을 받고 전쟁에 나가 싸우는 용병이었어. 방탕하고 싸우기 좋아하고 도둑질까지 잘해서, 아무한테도 존경을 받지 못하는 사람이었단다. 식구들을 조금도 생각하지 않는 이 막돼먹은 아버지는 케플러가 열일곱 살 때 집을 나갔어. 그 뒤로 죽었는지 살았는지 영영 소식이 없었지. 어머니는 곱추였는데, 케플러는 어머니도 별로 좋아할 수 없었단다. 늘 다투고 거짓말도 잘하고 수다스럽고……. 케플러는 자기 집이 몹시 부끄러웠어.
　아이들은 케플러를 몹시 싫어했어. 병약하고 못생기고 고자질쟁이에다 지독한 공부벌레였으니! 한 번은 고자질하다가 아이들한테 죽도록 맞은 일도 있었단다. 케플러는 자기 같은 아이는 아무도 좋아하지 않을 거라고 생각했

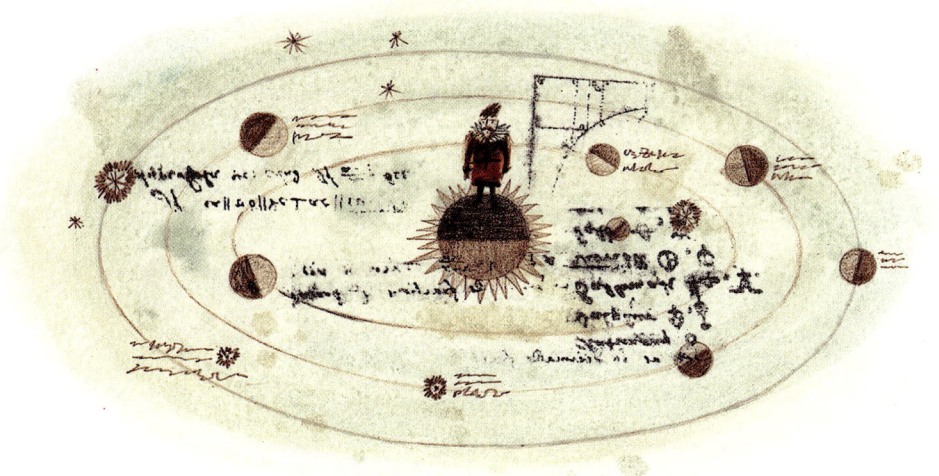

어. 훗날 케플러는 자기의 어린 시절을 돌아보며 자서전에다 이렇게 썼지.
"정말 개 같은 시절이었어!"

다행히 케플러는 공부를 아주 잘했어. 덕분에 장학금을 받고 학교에 다닐 수 있었지. 케플러는 목사가 되고 싶었지만, 속으로는 자기처럼 죄가 많은 사람도 목사가 될 수 있을까, 하고 고민도 했단다.

어느 날 케플러는 코페르니쿠스가 쓴 책을 읽게 되었어. 코페르니쿠스의 책에는 지구가 태양 둘레를 돈다고 나와 있었지. 이때부터 케플러는 우주에 대해 진지하게 생각하게 된단다.

'만약 신이 이 세상을 만들었다면 그것을 자세히 조사해 보아야 할 것 아닌가? 어떤 사람이 멋진 집을 지어 최고로 멋지게 꾸며 놓았는데, 아무도 감탄해 주지 않는다면 그 집주인은 슬플 거잖아?'

케플러는 집주인이 신이고 집이 우주라고 생각했어. 생각하면 생각할수록 케플러는 코페르니쿠스의 지동설이 옳다고 생각되었단다.

케플러가 지동설이 옳다고 주장하고 다니자, 교장 선생님은 지동설을 믿는 이 청년이 과연 목사가 될 수 있을까, 하고 걱정이 되었어.

그때 마침 중학교에 수학 선생 자리가 났단다. 교장 선생님은 얼른 케플러더러 그리로 가 보라고 그랬지. 케플러는 목사가 되는 것을 잠시 미루고 선생이 되기로 했어. 한가하게 선생 노릇을 하면서 천문학 공부도 하려고 말이야.

케플러는 가르치는 것을 좋아했단다. 하지만 너무 어렵게 가르쳐서 케플러의 수업을 들으러 오는 학생이 별로 없었단다.

어느 날 수업 시간에 케플러는 몇 안 되는 학생들을 앞에 두고 중얼중얼 강의를 하고 있었어. 손을 들어 칠판에 삼각형을 그리는데, 갑자기 신의 계시처럼 어떤 생각이 떠오르지 않았겠어?

'하느님은 전지전능한 분이시니, 최고의 기하학으로 한치의 어긋남도 없이 아름다운 우주를 창조하셨다!'

어떻게? 바로 이렇게!

케플러는 자기가 매우 위대한 발견을 했다고 믿었어. 자기같이 나쁜 인간에게 어찌하여 이런 신의 은총이 내렸을까, 하고 깜짝 놀랐단다. 케플러는 혼자 몇 번이나 감탄을 한 다음, 이 멋진 우주의 모양을 훌륭한 조각품으로 만들어서 사람들에게 알리자고 생각하게 되었지. 그래서 나라에 연구비를 신청했는데, 돌아온 건 연구비가 아니라 짤막한 충고였단다.

"그 예술 작품을 먼저 값싼 종이로 만들어 보시오."

케플러는 좀 실망했지만 그래도 포기하지 않았어. 모든 일을 제쳐놓고 정확한 우주의 모양을 완성하기 위해 어마어마한 숫자들과 씨름하기 시작했단다. 아아, 그런데 아무리 계산해도 자기가 생각한 멋진 우주의 모양이 나타나지 않는 거야. 그래서 케플러는 이렇게 생각했지.

'이렇게 우아하고 장대한 이론이 틀릴 리가 없어. 이건 분명히 관측 자료가 틀렸기 때문이야.'

과학사에는 이런 일이 종종 있단다. 자기가 애써 생각한 이론과 실험 결과가 맞지 않을 때 과학자들은 이런 유혹에 빠지기 쉽단다. 내 이론이 틀린 것이 아니라 실험이 잘못된 것이라고 말이지.

그 무렵 행성의 위치를 정확하게 관측할 수 있는 사람은 세상에 딱 한 사람밖에 없었어. 황실의 수학자이자 천문학자인 붉은 머리 티코 브라헤였단다.

 ## 붉은 머리 티코를 만나다

　붉은 머리 티코로 말하자면, 그야말로 개망나니 과학자였단다. 학교 다닐 때는 누가 더 똑똑한가 겨루며 결투를 하다가 코를 잃어버리고는 합금으로 만든 코를 끈에 매달고 다녔어. 그런가 하면 왕의 돈으로 호사스러운 천문대를 지어 놓고 술과 잔치를 벌이기를 매일매일, 왕에게는 오만불손하고 소작농들에게는 무자비하기 그지없었지.

　하지만 티코는 술과 잔치에 빠져 지내면서도 별을 관측하는 일만큼은 열심히 했단다. 티코 이전에는 아무도 하늘을 관찰하는 일을 중요하게 생각하지 않았어. 그건 관측하는 일이 고상하지 못한 육체 노동이라고 생각했기 때문이야. 하지만 티코는 행성의 움직임을 잘 알려면 머릿속으로 생각만 할 것

1572년, 티코는 덴마크 국왕이 선사한 섬 한가운데 으리으리한 천문대 '천국의 성'을 세웠단다.

이 아니라 정확히 관측해야 한다고 생각했단다.

티코의 관측은 믿을 수 없을 만큼 정확했어. 티코보다 더 많은 관측 자료를 가진 사람은 이 세상에 없었단다. 그때는 망원경이 발명되기 전이었는데, 망원경 없이 티코만큼 관측을 잘 할 수 있는 사람은 아마 오늘날에도 없을 거야.

티코는 케플러가 멋진 우주의 모습을 연구하고 있다는 소문을 듣고 케플러에게 편지를 썼단다.

"케플러씨, 내 멋진 천문대로 와서 같이 연구를 하는 것이 어떻소."

케플러는 황실의 천문학자이자 유럽에서 손꼽히는 학자가 자기를 불러 준 것이 너무 황송했어. 그래서 부랴부랴 짐을 챙겨 티코에게 갔단다.

그런데 막상 케플러를 불러 놓고 보니 티코는 딴 마음이 들었어. 자기는 못 하는 위대한 발견을 케플러가 한다고 생각되자 질투가 났던 거야. 그것도 모르고 케플러는 티코가 관측 자료를 보여 줄 날만을 기다렸어. 나중에는 너무너무 애가 타서 거의 미칠 지경이 되었단다. 그런데도 티코는 자료를 보여 줄 마음이 통 없어 보였어.

어느 날 티코는 남작의 초대를 받고 잔치에 갔다가 오줌을 너무 참아서 병이 생기고 말았어. 화장실에 가자니 남작에게 실례가 될 것 같고, 참자니 쌀 것 같고. 티코는 예의를 지키느라 잔치가 끝날 때까지 참았단다. 그런데 그게 그만 몹쓸 병이 되어서 죽게 되었어. 티코는 죽기 전날 관측 자료를 케플러에게 넘겨 준다고 유언했어.

"제발 나의 생애가 쓸모 없이 끝났다고 생각되지 않도록 해다오. 제발 나의 생애가 쓸모 없이 끝났다고 생각되지 않도록 해다오……."

하지만 이번에는 티코의 유족과 제자들이 관측 자료를 숨겨 버렸어. 하늘이 도와서 케플러는 간신히 자료를 훔칠 수 있었단다.

맙소사! 행성의 궤도가 타원이라고?

　케플러는 티코의 자료를 연구하고 또 연구했어. 꼬박 삼 년 동안 행성의 궤도를 계산했단다. 그런데 아무리 해도 티코가 관측한 행성의 궤도와 자기의 계산이 딱 들어맞지가 않는 거야. 그 차이는 아주 작아서 보통 사람이라면 얼렁뚱땅 넘어갈 만한 것이었단다. 하지만 케플러는 그럴 수 없었어.

　'만약 내가 이 차이를 무시한다면 그것은 내 이론을 적당히 땜질하는 거나 마찬가지다.'

　케플러는 다시 처음으로 돌아가 연구를 시작했어. 계산기도 없이, 복잡하고 까다로운 행성의 궤도를 수백 번 계산하고 또 계산했어. 그러다가 무엇이 잘못되었는지 알게 되었단다. 행성의 궤도가 '원'이 아니라 '타원'이었던 거야.

"맙소사! 타원이라고?"

케플러는 믿을 수가 없었어. 그때는 모든 과학자들이 동그란 '원'은 하느님처럼 신성하고 완벽한 것이고, 길쭉한 '타원'은 악마의 자식이라고 믿었을 때란다.

그러나 케플러는 행성의 궤도가 타원이라는 사실을 받아들였어. 그렇게 해서 마침내 행성들의 운동 법칙을 발견할 수 있게 된 거야. 훗날 뉴턴은 이 법칙으로 만유인력의 법칙을 발견하게 된단다.

하지만 처음에는 아무도 케플러가 위대한 발견을 했다는 걸 몰라 주었단다. 말도 안 되는 이론이라고 난리법석이라도 피웠으면 오히려 좋았을 텐데, 학자들은 케플러의 이론에 관심조차 가져 주지 않았어. 위대한 갈릴레이조차도.

나는 케플러가 참 안됐기도 하고 존경스럽기도 하단다. 과학자들은 케플러가 평생을 걸려 간신히 발견한 것을 알아주지 않았지.

케플러는 언제나 일이 잘 풀리지 않았어. 아내는 가난하다고 남편을 늘 구박했어. 케플러는 아내에게 화를 내고 싶을 때마다 손톱을 깨물며 참았단다. 케플러는 아내에게 절망하여 점을 쳐 보기까지 했는데 아니나다를까, 점괘는 최악으로 나왔어. 훗날 케플러는 그 아내마저도 종교전쟁 중에 잃고 만단다.

종교전쟁은 케플러의 인생을 두 배로 더 힘들게 만들었어. 고향에서 추방당하고 학교에서 쫓겨나는가 하면, 그를 후원했던 황제가 쫓겨나서 후원자를 찾아 전전하는 신세가 되었지. 또 마녀로 몰려 죽게 된 어머니를 구하느라 몇 년을 싸워야 했단다.

케플러의 죽음은 쓸쓸했어. 1630년 겨울, 케플러는 황제한테 밀린 월급을 받으려고 길을 떠났다가 도중에 죽고 만단다.

케플러는 죽을 때까지 우주의 모습을 올바르게 그려 내려는 꿈을 잃지 않았어. 연구를 계속하고 연구한 것을 책으로 쓰고, 아무도 책을 내주지 않으면 돈을 꾸어서 출판하고.

케플러는 달로 여행을 떠나는 공상 과학 소설도 썼단다! 이미 사백 년도 더 전에 케플러는 우주 여행을 할 수 있는 날이 반드시 온다고 믿었어. 언젠가는 커다란 돛을 단 우주선이 하늘을 항해하고, 그 우주선에는 광대한 우주를 두려워하지 않는 용감한 탐험가들이 타게 될 것이라고…….

진짜 과학이 시작되다

여기까지 쓰면서 나는 감히 생각해 본단다. 너희가 과학자들이 언제 어디서 태어나서 어떤 발견을 하고 언제 죽었는지 아는 것도 좋지만, 어떤 마음으로 자연을 탐구했는지 알기 바라고, 그 마음을 느꼈으면 좋겠다고.

이제 2500년 과학의 역사 중에서 어림잡아 '5분의 4'를 마쳤단다.

'자연은 알 수 있다!'라고 주장한 맨 처음 과학자 탈레스, 지구가 태양 둘레를 돈다고 주장한 코페르니쿠스, 행성 궤도의 비밀을 밝힌 케플러……. 자연의 수수께끼가 조금씩 밝혀지기까지는 이 분들의 굉장한 노력이 있었단다. 그리고 이 책에서 미처 이야기하지 못한 이름 없는 다른 탐구자들이 있었지.

이제 과학의 역사 중 나머지 '5분의 1'에 대해 이야기하려고 한단다. "아니 그럼, 이 책이 다 끝나가는 건가요?"라고 물을지도 모르겠다. 하지만 그렇지가 않은 것이, 나머지 '5분의 1' 동안 과학이 엄청나게 발전했기 때문에 할 이야기도 무척 많아졌어.

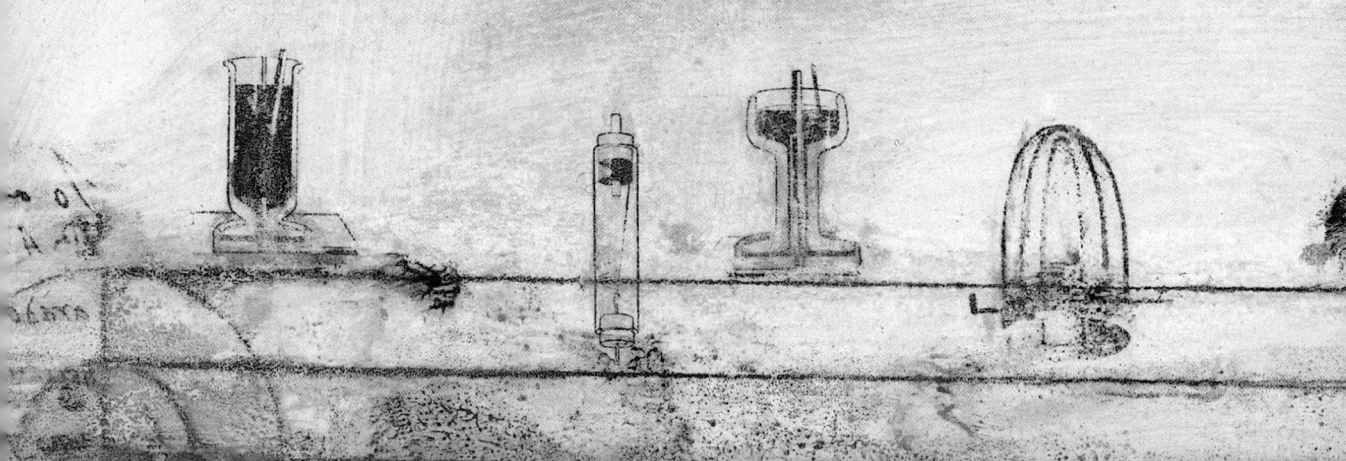

나머지 '5분의 1', 그러니까 진짜 과학(고전 물리학, 또는 근대 과학)은 맨 처음에 어떻게 시작되었을까? 그 이전과 이후는 어떻게 다를까?

언뜻 생각해 보면 아주 간단한 일이어서 과연 그런 것이 진짜 과학이 될 수 있을까, 하는 생각도 든단다.

그건 바로 실험이야. 너희도 너무너무 잘 알고 있고 많이 해본 실험!

실험이 그렇게 중요한 걸까? 그렇단다. 왜냐하면 아무리 권위 있는 선생님이 한 말이라도 틀릴 수 있고, 정말 옳은지 그른지 알려면 실험을 해야만 하기 때문이야. 우리 속담에 '모로 가도 서울만 가면 된다'라는 말이 있지만 과학을 공부하는 사람은 그래서는 안 될 것 같아.

맨 처음으로 자기의 생각이 옳은지 그른지 알기 위해 실험이라는 엉뚱한 행동을 한 사람은 갈릴레오 갈릴레이란다. 이제부터 과학자들은 어떤 이론을 세우고 그것이 옳다는 것을 밝혀 내기 위해 직접 손과 머리와 도구를 써서 실험을 하고 또 하기 시작한단다.

망원경으로 맨 처음
하늘을 관찰한 이야기

갈릴레이가 누구예요? 하고 엄마 아빠에게 물어보면, 아마 '그래도 지구는 돈다'라는 말을 한 과학자라고 가르쳐 주실 거야. 유명한 말이기는 하지만, 이 말만으로는 갈릴레이가 누구인지 알 수 없단다. 갈릴레이가 정말로 어떤 사람인지는 어른들도 잘 모르는 것 같아.

갈릴레이

갈릴레이는 발명가이고 실험가이고 수학자이고, 망원경으로 맨 처음 하늘을 관측한 사람이야. 물론 '그래도 지구는 돈다'라는 말도 했어. 하지만 이것은 갈릴레이가 한 일 중에 아주 작은 것일 뿐이란다. 과학의 역사에서 보면 갈릴레이는 뉴턴이나 아인슈타인 같은 과학자들이 나올 수 있도록 튼튼한 다리를 놓아 준 사람이야.

그러나 이런 업적들뿐이라면, 나는 결코 갈릴레이에 대해서 이야기하고 싶지 않았을 거야. 과학자가 아니었더라도, 나는 갈릴레이를 존경하지 않을 수 없단다.

갈릴레이 할아버지는 마음이 너그럽고 상냥하고, 사람들에게는 매우 친절한 분이었어. 그리고 무엇보다 어린아이처럼 순진하고 순수했던 과학자였어. 그 누구의 눈치도 보지 않고 자기가 좋아하는 일을 하고, 체면 차리는 일도 별로 좋아하지 않고, 어린아이가 장난감을 가지고 놀듯이 과학과 놀던 과학자! 나중에 벌을 받게 될 줄도 모르고, 자기가 본 대로 믿은 대로 사람들에게 진실을 알려 주고 싶어했던 사람!

너희도 갈릴레이 할아버지의 초상화를 한 번 유심히 들여다보기 바라. 머리는 약간 벗겨지고 눈이 부리부리하고, 멋진 수염을 달고 있는 이 할아버지가 바로 갈릴레오 갈릴레이란다. 도저히 '죄인'으로는 보이지 않는데, 이 분이 어쩌다가 그렇게 무시무시한 종교 재판을 받게 되었을까?

말썽쟁이 선생님

갈릴레이는 1564년 이탈리아의 피사에서 태어났어. 아버지는 가난한 음악가였고 어머니는 잔소리꾼이었단다. 어머니는 아이들을 일곱이나 낳았는데, 갈릴레이는 그 중 맏이였단다.

열다섯 살이 되자 갈릴레이는 수도원에 입학했어. 옛날에는 수도원이 일류 학교였단다. 갈릴레이는 수도원에서 지내는 게 좋았어. 공부를 가르치는 수도사님들이 멋있게 생각되었지. 그래서 수도사가 되기로 했단다.

아버지는 깜짝 놀랐어.

"수도사라고? 월급 한 푼 없는 수도사라고? 안 돼!"

아버지는 갈릴레이가 의사가 되어 부자로 살기를 바랐단다. 그래서 부랴

갈릴레이가 어린 시절에 공부한
산타 마리아 디 발롬브로사 수도원이야.

부랴 갈릴레이를 수도원에서 데려왔지. 선생님에게는 아들이 병에 걸려 치료를 해야 한다고 둘러대었단다. 그러고는 어느 수학자를 찾아가 갈릴레이를 가르쳐 달라고 부탁했어.

갈릴레이는 아버지를 사랑했기 때문에 아버지의 뜻을 따라 피사 대학의 의학부에 입학했단다. 하지만 학교를 졸업하지는 못했어. 집은 가난하고, 학교에서도 장학금을 주지 않았기 때문이야.

갈릴레이는 집에서 혼자 공부해야 했단다. 의사 공부가 필요 없어졌으니 좋아하는 책들을 밤새워 읽어도 아버지는 나무라지 않았어.

갈릴레이는 수학 공부가 너무 재미있어서 옛날 수학자들이 쓴 책들을 읽고 또 읽었단다. 깜짝 놀랄 만큼 뛰어난 수학 논문을 쓰기도 했어.

어느덧 갈릴레이는 피사에서 가장 수학을 잘하는 사람으로 손꼽히게 되었어. 그래서 대학교에 수학 선생으로 뽑혀 가게 되었단다.

갈릴레이는 학교에서 금세 유명해졌어. 다른 이유도 아니고, 말썽을 피워서!

그때 대학 교수들은 치렁치렁 늘어진 가운을 입고 느릿느릿 걸으며 한껏 위엄을 부리면서 강의했는데, 갈릴레이는 그 가운이 너무 싫었단다. 그 옷을 입고 있으면 마음대로 앉지도 놀지도 못한다고 말이야. 그래서 가운 아래를 북북 찢어서 짧게 만들어 버렸단다.

깜짝 놀란 다른 교수들은 회의를 열었어. "벌을 줍시다! 쫓아냅시다!" 하면서. 그 후 어떻게 되었느냐고? 안 그래도 모자라는 월급이 싹둑 깎여 버렸단다.

이 일로 학생들은 갈릴레이를 더 좋아하게 되었어.

갈릴레이는 학생들에게 교과서에 쓰인 대로 달달 외우지 말라고 가르쳤단다. 왜냐하면 갈릴레이는 교과서에 쓰였다고 반드시 옳은 것은 아니라고 생각했기 때문이야.

마술 대롱

망원경이 발명되기 전에도 사람들은 정확히 재고 각도를 측정하기 위해 렌즈 없는 천문 관측 도구를 만들어 사용했단다.

갈릴레이는 날마다 부지런히 일했어. 학생들을 가르치고, 기계와 도구들을 발명하고, 발명품을 내다 팔고. 간신히 남는 시간에는 연구를 했단다.

갈릴레이는 이 순서가 거꾸로 되면 얼마나 좋을까, 하고 생각했어. 하루를 몽땅 연구하며 보내고 싶었지만, 먹여 살

려야 할 식구들이 많아서 돈을 많이 벌어야 했어.

대학에서는 교수들에게 월급을 많이 주지 않았단다. 특히 수학 선생에게는. 식구들을 부양해야 하는 일만 없다면 훨씬 더 마음이 편했을 텐데……. 갈릴레이는 하고 싶은 연구만 하면서 돈을 버는 것이 소원이었단다.

그러던 참에, 갈릴레이의 소원이 이루어질 엄청난 사건이 벌어졌어.

어느 날 갈릴레이는 신기한 망원경 이야기를 듣게 되었단다. 맨눈으로는 보지 못하는 먼 곳도 이 신기한 대롱만 있으면 볼 수 있다는 거야. 갈릴레이는 귀가 솔깃했지. 그는 이 망원경이 잘만 하면 큰 돈벌이가 될 것을 알았단다.

"나도 한번 만들어 봐야지. 백 배쯤 훌륭하게 만들어야겠어."

갈릴레이는 동네 안경점에서 렌즈를 사서 작업실에 틀어박혔어. 몇 날 며칠을 고생한 끝에 아홉 배로 잘 보이는 망원경을 만들 수 있었단다. 백 배에는 훨씬 못 미치지만 이것만으로도 아주 훌륭한 것이었어.

갈릴레이는 자신의 발명품을 자랑하는 편지와 함께 새 망원경을 높은 나리들에게 바쳤단다.

"이 놀라운 기구가 있으면 적군을 맨눈으로 보는 것보다 두 시간 더 빨리 알아볼 수 있어 눈부신 승리를 거두게 될 것이며, 어쩌고저쩌고…….."

높으신 나리들은 새 망원경을 시험해 보고 너무나 감탄한 나머지 갈릴레이의 월급을 두 배로 올려 주었단다. 갈릴레이는 신이 나서 더 성능이 좋은 망원경을 만들어야겠다고 생각했어. 그러더니 정말로 배율이 거의 백 배나 되는 망원경을 만들었단다.

갈릴레이는 이번에는 이 망원경을 팔지 않았어. 이 놀라운 발명품으로 자기가 진짜 해야 할 일을 깨달은 거야.

갈릴레이는 떨리는 마음으로 망원경을 하늘로 치켜들었어. 망원경을 하늘에 들이대다니! 그때는 인간이 신의 나라인 우주를 엿보는 것은 감히 상상할 수도 없는 일이었단다.

앗! 갈릴레이는 망원경으로 하늘을 관찰하고 깜짝 놀랐어. 어둠 속에서 한 번도 본 적이 없는 별들이 튀어나오는 거야. 흐릿한 은하수는 별들이 빽빽하게 모여 있는 긴 행렬이었어.

'눈에 보이는 별들 말고 또 다른 별들이 하늘에 있었다니!'

갈릴레이가 망원경으로 하늘을 보기 전에는 누구나 하늘에는 하나의 태양과 하나의 달, 다섯 개의 행성, 그리고 맨눈으로 볼 수 있는 별들밖에 없다고 생각했단다. 그런데 별들이 이렇게 많을 줄이야!

'눈에 보이지 않는 별들이 저렇게 많이 있다면, 더 좋은 망원경으로 관찰하면 별들을 더 많이 볼 수 있다는 건가? 도대체 별들은 얼마나 많이 있는 걸까? 아아, 우주는 도대체 얼마나 넓은 걸까?'

피렌체의 박물관에 보관되어 있는 이 두 개의 망원경은 갈릴레이가 직접 만든 거야. 이 망원경의 지름은 3cm밖에 되지 않아서 빛이 매우 적게 들어온단다.

이런 생각을 하자 갈릴레이는 머릿속이 아득해지는 것 같았어.

이번에는 망원경을 달 쪽으로 돌렸어. 그러자 더 놀라운 광경이 펼쳐졌단다.

갈릴레이가 왜 놀랐는지 이야기하기 전에 사천 년 동안 사람들이 달을 어떻게 생각해 왔는지 말해야겠다. 사람들은 달이 태양의 동생으로, 동그랗고 반들반들 윤이 나고 매끄러우며, 환한 빛을 낸다고 생각했단다.

그런데 달은 거울처럼 매끈한 것이 아니었어. 달은 스스로 빛을 내지도 않았고, 거칠고 울퉁불퉁했으며 높은 산과 골짜기로 주름져 있었단다.

갈릴레이는 계속 밤하늘을 관측했어. 그리고 이제껏 누구도 관찰한 적이 없는, 목성을 돌고 있는 네 개의 달을 발견하게 되었어.

이 발견은 아주 중요하단다. 이제껏 사람들은 코페르니쿠스의 지동설을 반박할 때, "봐라, 달도 지구를 돌지 않느냐? 이것이야말로 지구가 우주 한가운데 있고, 행성들과 별들과 태양이 지구를 돈다는 증거다."라고 말했지.

그런데 이제 갈릴레이가 새로운 주장을 할 수 있게 된 거야.

"웃기는 소리! 봐라, 목성을 도는 달도 있다! 그러니 모든 것이 지구를 돈다는 것은 거짓말이다!"

갈릴레이는 목성의 달을 발견한 데 이어, 금성이 태양을 돈다는 사실도 알아냈어. 갈릴레이는 위대한 탐험가가 된 듯한 기분이었지.

그동안 갈릴레이는 지동설을 마음속으로만 믿었단다. 하지만 이제는 아니야. 갈릴레이는 지구 밖의 세계가 어떻게 생겼는지 모든 사람들에게 소리쳐 알리고 싶었단다.

"태양은 움직이지 않는다! 지구가 태양을 도는 것이 옳다!"

갈릴레이는 자기가 본 것을 모두 책에 적었단다. 공부를 많이 하지 않은 사람들도 알 수 있도록 어려운 라틴어 대신 쉬운 이탈리아어로 적었단다.

갈릴레이의 말이 옳다고 생각하는 사람들은 점점 많이 생겨났어. 친구들은 갈릴레이를 응원하는 편지를 보내 주었지. 갈릴레이는 기뻤어. 하지만 그와 함께 갈릴레이의 불행도 시작되었단다.

# 갈릴레이의 거짓말

 갈릴레이는 열심히 공부하고 책을 사랑하고, 하느님을 사랑하고 친구들과 식구들을 극진히 사랑하는 사람이었어. 사람들은 갈릴레이를 한 번 좋아하게 되면, 평생 동안 존경하고 진심으로 걱정해 주었어. 갈릴레이가 사람들과 주고받은 이천 통이 넘는 편지들을 보면 잘 알 수 있단다.

 하지만 갈릴레이를 싫어하는 사람들은 죽을 때까지 그를 모함하고 미워했어. 그들은 지구는 우주 한가운데 왕처럼 있고, 태양과 달과 별들이 신하처럼 지구를 돈다고 사람들에게 가르친 교황과 학자들이었단다. 그들은 갈릴레이의 주장이 터무니없다고 생각했어. 행성도 달도, 심지어는 망원경도 보려고 하지 않았어. 고래 심줄 같은 고집으로 이렇게 말할 뿐이었지.

"흥, 목성의 달이라고? 그건 망원경에 붙은 먼지를 착각한 것뿐이야."

학자들은 교황에게 갈릴레이를 일러바쳤어.

"갈릴레이가 사람들에게 교황의 말을 믿지 말라고 가르칩니다. 심지어 교황이 바보라고 말한답니다. 갈릴레이가 쓴 이 불경한 책 좀 보십시오."

"아니, 이, 이런……. 큰일낼 사람이로군. 성경에 분명히 태양이 움직인다고 씌어 있는데 무슨 헛소리!"

교황은 얼마나 화가 났던지 당장 갈릴레이를 데려오라고 명령했어.

갈릴레이는 재판장으로 끌려갔어. 그때 갈릴레이는 이미 예순여덟 살의 노인이었단다. 종교 재판관은 죄를 인정하지 않으면 무서운 고문을 받을 것이라고 협박했어.

갈릴레이는 자기가 옳다고 말하고 싶었어. 지구가 돈다는 것이 꼭 하느님의 말씀을 거스르는 일은 아니라고 얘기하고 싶었단다. 하지만 종교 재판관은 아무 소리도 듣고 싶지 않다고 했어. 무서운 얼굴로 무조건 갈릴레이가 잘못했다고 말해야 한다고 했지.

갈릴레이는 무릎을 꿇고 종교 재판관이 미리 써 둔 반성문을 큰 소리로 읽어야 했단다.

"나 갈릴레오 갈릴레이는 무릎을 꿇고 죄를 고백합니다. 나는 이미 예전에, 지구는 우주의 중심이 아니며, 태양을 도는 행성에 지나지 않는다는 생각을

완전히 버리고 사람들에게 그것을 말하지도 말라는 충고를 받았습니다. 그러나 나는 그 말을 어기고 잘못된 생각을 책으로 펴내었습니다……. 나는 이제 지난날의 잘못된 생각을 뉘우치고 저주합니다. 앞으로는 그런 생각을 다시 하지 않을 것이며 말로나 글로도 하지 않겠습니다……. 나는 모든 벌을 달게 받겠습니다."

갈릴레이는 죽을 때까지 단 한순간도 지구가 돈다는 사실을 의심한 적이 없었어. 하지만 갈릴레이는 거짓말을 했단다. 거짓말을 하지 않을 수 없었단다. 갈릴레이는 모진 고문을 받고 죽고 싶지는 않았거든.

물론 교황은 갈릴레이의 거짓말을 믿지 않았어. 그저 갈릴레이가 사람들에게 망신을 당하고, 자기의 생각이 잘못되었다고 모든 사람들 앞에서 큰 소리로 이야기하는 것을 듣고 싶었을 뿐이란다. 종교 재판관은 갈릴레이의 반성문을 사람들에게 공개했어. 갈릴레이의 마음은 찢어질 듯 아팠어.

재판은 끝이 나고, 갈릴레이는 가까스로 목숨을 건졌지. 하지만 갈릴레이는 생애의 마지막에 세상에서 가장 외롭고 불행한 노인이 되었단다.

교황은 갈릴레이에게 무거운 벌을 내렸어. 갈릴레이는 외딴 시골집에 갇혔단다. 멀리 나갈 수도 없고, 친구들을 초대해서도 안 되었어. 한꺼번에 많은 사람들이 찾아오는 것도 금지되었지. 그리고 교황이 보낸 사람이 언제나 갈릴레이를 감시했단다. 다시는 지구가 돈다는 말을 아무와도 주고받지 못

하도록 말이야.

갈릴레이는 많이 아팠지만, 그의 집은 찾아오는 길이 힘하고 불편해서 의사도 왕진 오기를 꺼렸단다. 갈릴레이의 위안은 오로지 사랑하는 딸을 보고 편지를 주고받는 것이었어. 사랑하는 딸 마리아가 수녀가 되어 가까운 수도원에 살고 있었지. 하지만 마리아가 아버지를 가까이서 본 것은 겨우 석 달뿐이었어. 마리아는 아버지를 걱정하느라 자기 몸은 돌보지 않다가 병이 들어 죽고 말았어. 갈릴레이는 세상에서 가장 사랑하는 사람을 잃고 아무도 모르게 울었단다.

그렇지만 갈릴레이는 죽을 때까지 자연을 관찰하고 연구하는 일을 멈추지 않았어. 갈릴레이는 이제 '지구가 태양을 돈다'라는 말은 할 수 없게 되었지만, 다른 방법으로 지구가 돈다는 것을 증명하려고 했단다. 그것은 갈릴레이가 젊었을 때부터 연구한, 운동에 관한 이론을 책으로 쓰는 일이었지.

사람들은 설령 지구가 태양을 도는 것이 사실이라고 해도 도대체 무엇이 이 커다란 지구를 돌린단 말인가, 그리고 지구에 살고 있는 우리는 왜 눈치 채지 못하는가, 하는 문제를 해결할 수 없었어. 하지만 갈릴레이는 운동하는 물체는 바깥에서 힘을 주지 않아도 계속 움직인다는 것을 알아냈단다. 갈릴레이는 어서 이 이론을 책으로 써서, 커다란 지구가 어떻게 우주 공간을 달릴 수 있는지 사람들에게 알려 주고 싶었어.

갈릴레이는 이 일을 한쪽 눈만으로 해야 했단다. 오랫동안 망원경으로 태양을 관측한 탓에 차츰 눈이 멀어 가고 있었기 때문이야.

일흔네 살이 되자 갈릴레이는 완전히 눈이 멀게 되었어. 이제 연구를 할 수 없었어. 갈릴레이는 머릿속의 생각을 다른 사람에게 말로 불러 주어야 했단다. 비비아니라는 제자가 갈릴레이와 함께 살면서 스승의 말을 기록했어. 비비아니는 나중에 존경하고 사랑하는 스승의 전기를 쓰게 된단다.

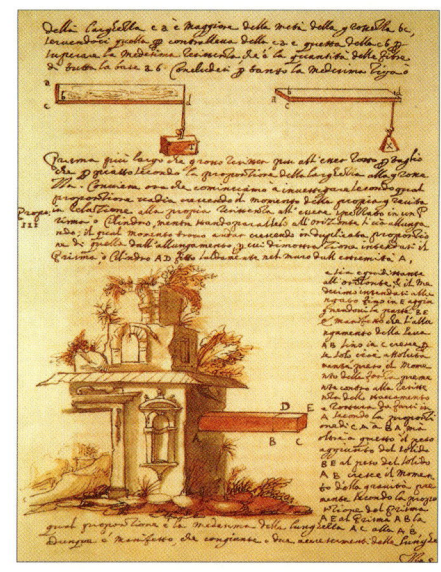

일흔네 살에 출간된 갈릴레이의 마지막 책 『담화』의 한 쪽을 옮겨 적은 거야. 이 책은 비밀리에 암스테르담에서 출간되었단다.

1642년, 갈릴레이에게 죽음이 찾아왔어. 교황은 갈릴레이는 죄인이니 사람들의 눈에 잘 띄지 않는 곳에 묻으라고 명령했단다.

갈릴레이가 죽고 얼마 후에 뉴턴이 태어났어. 뉴턴은 태양이 가만히 있고 지구가 돌고 있다는 코페르니쿠스와 케플러, 갈릴레이의 생각을 단칼에 증명해 줄 사람이었단다.

앗, 달이 지구로 떨어지고 있어!

아이작 뉴턴은 1642년에 영국의 작은 마을에서 태어났어. 지금으로부터 거의 사백 년 전의 사람인데도 나는 뉴턴이 꼭 지금 살고 있는 것처럼 느껴진단다. 작고 빼빼 마르고 무뚝뚝하고 괴팍한 과학자 아저씨, 마치 옆집에 그런 아저씨가 살고 있는 것처럼 말이야. 뉴턴은 문을 꼭 잠그고 실험실에

뉴턴

틀어박혀 무슨 꿍꿍이 연구를 했단다. 웃지도 않고 동네 사람들과 아는 체도 하지 않고, 허둥대는 일도 없었어. 뉴턴의 실험실에는 밤낮으로 불이 켜져 있었지. 사람들은 뉴턴을 보고 이렇게 수군댔단다.

"어딘가 좀 이상한 것 같지 않아요? 약간 미친 것 같지 않아요?"

사람들 눈에 뉴턴은 정말 괴상하고 무뚝뚝하고 비밀스럽게 보였단다. 친구도 사귀지 않고 결혼도 하지 않고, 생각에 빠져 있을 때는 밥 먹는 것도, 잠자는 것도 잊어버렸지. 사람들이 자기를 보고 웃는 것도 몰랐단다.

뉴턴은 시간을 몽땅 연구하는 데만 바쳤어. 그렇게 해서 뉴턴은 아주 위대한 발견을 했단다. 달과 행성과 지구와 태양이 우주에서 어떻게 움직이는지 밝혀 내었어. 아무도 우주가 움직이는 모습을 시원하게 설명하지 못했는데 뉴턴이 중력의 법칙으로 그 수수께끼를 푼 것이란다.

뉴턴이 삼백 년 전에 한 발견은 지금도 빛이 바래지 않았어. 달이나 화성, 목성 등 먼 별나라로 우주 여행을 하려면 뉴턴이 발견한 법칙들을 써야만 한단다.

뉴턴은 자기가 발견한 것을 사람들이 이해하기 쉽게 정리해서 책으로 냈어. 그 속에는 우주와 자연의 놀라운 비밀이 들어 있어. 그 책의 제목은 『프린키피아(자연철학의 수학적 원리)』란다. 너희가 훌륭한 과학자가 되려고 한다면 언젠가는 꼭 읽어야 할 책이지.

칠삭둥이 뉴턴

　뉴턴은 크리스마스 새벽에 태어났어. 성스러운 날에 태어났지만 별로 축복받지는 못했단다. 일곱 달만에 태어난 데다 아버지는 두 달 전에 죽었고 어머니는 곧 다른 데로 시집을 가 버렸으니까.

　칠삭둥이로 태어난 뉴턴은 일 리터짜리 항아리에 들어갈 만큼 작았단다. 어머니는 뉴턴이 얼마 못 가 죽을 거라고 생각했지. 하지만 뉴턴은 아주 오래 살았어. 여든다섯 살까지 살았단다.

　어릴 때 뉴턴은 할아버지 할머니와 살았어. 할아버지와 할머니는 집안일과 농사일이 바빠서 뉴턴과 놀아 줄 시간이 없었어. 할아버지는 뉴턴이 빨리 자라 농사일을 도우면 좋겠다고 생각했단다. 밀과 옥수수를 팔고 양떼를 몰

뉴턴이 태어난 울즈소프의 회색 벽돌집.
뉴턴은 이층 방에서 태어났어.

고, 장부를 계산할 수 있을 만큼만 똑똑하면 되겠다고 생각했지.

그런데 뉴턴은 할아버지가 생각한 것보다 훨씬 더 멍청해 보였단다. 공부도 영 못하고 양들은 몰고 나가기만 하면 잃어버리고, 농사일은 그저 부지런하기만 하면 되는데 게으르기 짝이 없고! 그래서 할아버지는 '아아, 정말 쓸모 없는 녀석이야.'라고 생각했지.

그렇지만 뉴턴은 할아버지 생각처럼 멍청하기만 한 것은 아니었어. 학교 공부는 안 했으니 못할 수밖에 없고, 양들은 책을 읽느라고 잃어버린 거고, 농사일은 도무지 재미가 나지 않았어.

뉴턴의 꿍꿍이는 딴 데 있었단다. 뉴턴이 좋아한 것은 (교과서와 상관 없는) 책읽기와 만들기, 그림 그리기, 그리고 태양 관찰하기였지.

커다란 하늘 시계는 뉴턴이 제일 좋아하는 장난감이었단다. 뉴턴은 지붕과 담벼락에 막대기를 세우고 태양에 의해 생기는 그림자를 그려 넣었어. 그리고 날마다 그림자들이 커지고 작아지고 움직이는 것을 관찰했지. 뉴턴은 태양과 태양에서 나오는 빛이 너무 궁금해서 몇 시간 동안 맨눈으로 거울 속의 태양을 들여다보는 위험한 실험을 하기도 했단다.

뉴턴은 이것저것 끊임없이 만들었어. 지붕 위에 풍차를 세우고 물방울 시계를 만들고, 연에 전등을 달고 세계 일주를 떠날 배의 설계도도 그렸어(뉴턴은 장난감을 만들 때 꼭 설계도를 그렸단다). 바람의 힘을 잰답시고 폭풍 속으로 뛰어나가 비를 쫄딱 맞으며 앞으로 뒤로 뜀박질을 하는가 하면, 쥐의 힘으로 밀가루 빻는 기계를 만들기도 했지. 정말 상자 속에 쥐를 넣었어! 배고픈 쥐가 톱니 바퀴를 움직였단다. 이렇게 뉴턴은 혼자서도 신나게 놀았어.

어느 날 뉴턴은 학교를 그만두게 된단다. 식구들은 이 엉뚱한 아이가 농장을 물려받으면 정신을 차리겠지, 하고 생각했어. 외삼촌이 아니었다면 뉴턴은 아마 농부가 되었을 거야. 외삼촌은 뉴턴이 좀 특별한 아이라고 생각해서 식구들을 설득했어.

"공부를 계속해서 법률가나 목사가 될지도 모르잖아요."

 그래서 뉴턴은 다행히도 상급 학교에 갈 수 있었단다. 사고뭉치 뉴턴이 대학생이 된 거야. 하지만 여전히 학교 공부보다 딴 짓을 좋아했단다. 더 좋은 것은 선생님들이 숙제를 많이 내주는데 검사는 제대로 하지 않는 거였어! 그래서 뉴턴은 실컷 책을 읽고 생각할 수 있었단다.
 뉴턴은 두툼한 공책을 한 권 마련해서 자기가 공부한 것, 생각한 것, 발견한 것들을 모조리 적었어. 그 공책은 지금까지 남아 있어. 뉴턴은 공책 맨 앞장에 이렇게 적어 놓았단다.
 '플라톤은 나의 친구다. 아리스토텔레스는 나의 친구다. 그러나 나의 가장 좋은 여자 친구는 진리다.'
 이것이 뉴턴의 좌우명이었단다. 플라톤과 아리스토텔레스는 뉴턴보다 천 년 전에 살았던 사람들인데, 이 세계와 자연의 비밀을 탐구한 위대한 철학자들이야.

　뉴턴은 플라톤과 아리스토텔레스를 친구로 삼았지만 학교에는 친한 사람이 없었단다. 딱 한 사람 존경하는 선생님이 있었는데, '아이작 배로'라고 하는 수학 선생님이었어. 그 선생님은 학생들에게 케플러와 갈릴레이, 코페르니쿠스, 데카르트의 이야기를 재미나게 들려주고 이 위대한 과학자들이 직접 쓴 책을 읽어 보라고 가르쳤단다.

　배로 선생님은 뉴턴이 자기보다 몇 배나 뛰어난 천재라는 것을 알아보았어. 그래서 뉴턴에게 자기의 교수 자리를 물려주었지. 그리고 자기는 조그만 시골 교회의 목사가 되었어.

　시골 농부가 될 뻔했던 뉴턴은 이제 대학 교수가 되었단다. 뉴턴은 대학에서 자기가 읽고 싶은 책을 마음껏 읽고, 연구하고 싶은 것을 마음껏 연구할 수 있게 되어서 너무 좋았지. 게다가 대학에서는 연구실과 집까지 마련해 주었어. 다만 한 가지 괴로운 것은 학생들을 가르치는 일이었단다.

　뉴턴의 강의는 너무 따분해서 학생들이 한 명도 없는 날이 많았어. 그런데도 뉴턴은 아무도 없는 빈 교실에서 벽을 보고 혼자 주절주절 강의했단다! 강의하는 대가로 학교에서 월급을 받고 있으니, 그렇게 해야 한다고 생각한 거지.

　학생들을 가르치는 일에서 벗어나면 뉴턴은 혼자 생각에 잠기거나 밤늦도

아이작 배로 선생님

록 연구를 했어. 어떤 때는 밥 먹는 것도 잊어버렸어. 밥을 먹으러 식당에 가는 중간에도 끊임없이 생각을 해서 그냥 지나쳐 가기 일쑤였단다. 그러다가 길이 끝나 버리면 다시 돌아 식당을 지나쳐 연구실로 되돌아가고. 배 속에서 꼬르륵 천둥 소리가 나는 것도 모르고 말이야.

뉴턴은 꼭 수도원의 수도사처럼 살았어. 매일 집과 연구실과 강의실만 왔다갔다하면서. 놀러 다니지도 않고 사람들과 수다를 떨지도 않고, 친구도 하나 없고 한 번도 자기 집을 가진 적도 없고 아내도 없었지. 뉴턴은 좋은 밥을 먹고 푹신한 침대에서 늘어지게 잠을 자고, 신나는 곳으로 놀러 가고, 아내와 도란도란 행복하게 사는 것보다 책을 읽고 생각하고 연구하는 것이 훨씬 재미있다고 생각했단다.

뉴턴은 사람을 생각하는 것보다 우주를 생각하는 것이 훨씬 더 즐거웠어.

사과가 쿵!

뉴턴은 백 명의 과학자가 평생을 바쳐도 할까 말까 한 발견들을 스물세 살에 다 해 버렸단다.

1665년, 영국에 무서운 흑사병이 발생해서 대학이 문을 닫았어. 뉴턴은 고향의 농장으로 돌아왔지. 농장에서 지내는 동안 뉴턴은 세상을 깜짝 놀라게 할 위대한 발견을 하게 된단다. 훗날 사람들이 물었지.

"뉴턴 씨, 어떻게 그런 훌륭한 발견을 했습니까?"

그때 뉴턴은 "그저 생각했을 뿐이에요."라고 대답했는데, 산울타리와 양들과 자기를 특이하고 쓸모 없는 녀석이라고 생각하는 동네 사람들에 둘러싸여 지내면서 뉴턴이 한 생각은 이런 것들이었단다.

'빛은 무엇으로 되어 있을까? 우주에는 어떤 힘이 있길래 태양과 행성들을 이처럼 움직이는 것일까? 공은 왜 아래로 떨어질까?'

그 시절 뉴턴이 배웠던 교과서에는 지구가 공의 고향이기 때문에 공이 아래로 떨어진다고 나와 있었단다. 그래서 사람들은 다 그렇게 생각했어. (갈릴레이와 케플러는 그렇게 생각하지 않았지만 그들도 공이 왜 아래로 떨어지는지는 설명하지 못했지.)

어느 날 저녁, 뉴턴은 사과나무 아래에 앉아 골똘히 생각에 잠겨 있었는데 갑자기 나무에서 커다란 사과가 쿵! 하고 떨어졌어. 그때 번개같이 영감이 떠올랐단다.

뉴턴과 사과나무 이야기는 너무 유명해서 너희도 다 알고 있지? 뉴턴이 사과가 떨어지는 것을 보고 중력을 발견했다는 이야기 말이야.

뉴턴이 사과나무 아래서 생각한 것은 이것이었단다.

'지구는 사과를 끌어당기고 있다. 그래서 사과가 땅으로 떨어진다. 지구는 달도 끌어당기고 있다. 그래서 달도 지구로 떨어지고 있다!'

달이 떨어지고 있다니! 정말 엉뚱하고 놀라운 생각이지? 하지만 이 괴상한 생각이 우주의 비밀을 푸는 열쇠가 되었단다.

지구가 사과를 끌어당기는 것은 지구에서 신비로운 힘이 나오기 때문이야. 지구는 사과만이 아니라 지구 위의 모든 것들을 끌어당기고 있지. 이렇

97

게 물체를 자기에게로 끌어당기는 힘을 '중력'이라고 한단다. 지구의 중력은 달도 잡아당기고 있단다.

앗! 그런데 왜 달은 지구로 떨어지지 않을까? 그것은 달이 끊임없이 앞으로 달리고 있기 때문이야. 달은 지구로 떨어지는 동시에 앞으로 달리고 있단다. 그래서 달은 먼 우주 공간으로 달아나지도 않고, 지구로 떨어지지도 않고, 영원히 지구 둘레를 돌게 된 것이란다.

중력은 물체와의 거리가 멀수록 그 힘이 훨씬 더 약해지는데(달은 사과보다 훨씬 더 멀리 있지. 지구가 달을 끌어당기는 힘은 사과를 끌어당기는 힘보다 훨씬 약하단다), 이것은 참 다행스러운 일이야. 만약 거리가 멀수록 중력이 세어진다면 지금과 같은 우주는 없어지고 말 테니까. 가장 멀리 있는 물체가 가장 세게 끌어당겨져서 우주의 모든 것들은 한데 뭉쳐 버리고 말거든!

중력의 법칙은 코페르니쿠스와 갈릴레이, 케플러가 풀지 못한 것을 가르쳐 주었단다. 지구가 아무리 빨리 달려도 우리가 떨어지지 않는 것은 지구의 중력이 우리를 붙들고 있기 때문이야. 또 크고 무거운 물체의 중력이 더 세니까, 작은 지구가 크고 무거운 태양을 도는 것이 옳지!

중력의 법칙을 발견한 뉴턴은 뛸 듯이 기뻤단다. 자연은 복잡하게 보이지만 그 속에는 아름답고 간결하고 조화로운 질서가 숨어 있다고 생각했지. 뉴턴은 그 질서의 근본을 알고 싶었어. 그리고 마침내 그 비밀을 알아냈단다.

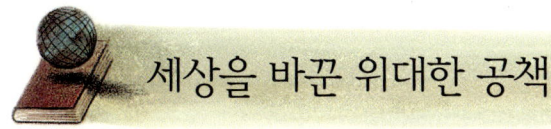

세상을 바꾼 위대한 공책

 뉴턴은 자기가 아주 위대한 발견을 했다는 것을 알았어. 하지만 섣불리 발표하고 싶지 않았단다. 뉴턴은 공책을 책상 서랍 깊숙이 넣어 두었어. 그리고 생각하고 또 생각했지. 이따금 공책을 꺼내어, 덧붙이고 고치고 다듬기를 이십 년 동안이나 했단다.

 어느 날 한 젊은 천문학자(이 사람이 나중에 핼리 혜성을 발견한 에드먼드 핼리란다)가 찾아와 뉴턴의 발견을 세상에 알리도록 간곡하게 권유할 때까지 그랬단다. 뉴턴은 책을 쓰기로 마음먹고 이 년 동안 하루에 스무 시간씩 그 일에 매달렸어. 그렇게 해서 세상에 나온 책이 바로 『프린키피아』란다.

 『프린키피아』가 몰고 온 파문은 대단했어. 아무도 달과 지구와 행성들이

1687년 『프린키피아』가 출판되었어.

우주에서 어떻게 움직이는지 명쾌하게 설명하지 못했는데, 뉴턴이 그 비밀을 알아내었으니 당연하지.

하지만 어떤 과학자들은 그렇게 생각하지 않았단다. 그들은 뉴턴의 이론이 잘못되었다고 주장하기 위해 시시콜콜 트집을 잡았어.

"우주에 보이지 않는 힘이 있다고? 그 힘의 정체는 뭐요? 중력이란 게 도대체 어떻게 생겨난 거요? 보이지도 않는 힘이 어떻게 먼 곳까지 전달된단 말이오? 그것을 설명하지 못하면 당신의 이론은 꽝이오!"

또 어떤 과학자들은 뉴턴이 자기 생각을 베꼈다고 했단다. 뉴턴이 그렇지 않다고 말해도 소용없었지.

뉴턴은 자기의 발견을 명예롭게 지키기 위해 싸워야 했어. 그 사람들과 싸우느라 많은 시간을 허비하고 나중에는 우울증에 걸릴 지경이 되었단다.

화려한 명성은 얻었지만 뉴턴은 과학자들의 입방아에 너무 지쳤어. 사람들한테 실망하고 슬퍼져서 아무도 만나지 않기로 했지. 대신 뉴턴은 연금술에 몰두했어. 집안에 비밀 실험실과 용광로를 만들어 놓고 쇠와 납을 금으로 만들려고 고군분투했단다.

뉴턴은 점점 더 외롭게 되었어. 하지만 늘 실험하고 공부하느라 자기는 그렇게 생각하지 않았단다. 1727년, 뉴턴은 여든다섯 살이 되었어. 뉴턴은 담석과 통풍을 앓고 있었지. 3월 18일, 뉴턴은 마지막으로 신문을 뒤적이고 저녁에 의식을 잃었어. 이틀 뒤에 뉴턴은 죽었단다.

죽을 때까지 따분한 공부만 했으면서, 뉴턴은 이렇게 말했단다.

"세상 사람들은 나를 어떻게 여길지 모른다. 그러나 나는 내가 백사장에서 장난치면서 아름다운 조개와 조약돌을 찾는 작은 소년이라고 생각한다. 진리의 바다가 내 앞에 끝없이 펼쳐져 있다."

뉴턴은 자기가 진리의 바다에서 뛰노는 어린아이와 같다고 생각했어.

사람들은 뉴턴에 이르러서야 비로소 우주의 모든 것이 왜 그렇게 움직이는지 알게 되었지. 하지만 뉴턴은 자기가 발견한 것은 진리의 일부분뿐이라는 사실을 알고 있었어. 자기는 이제 겨우 진리의 바다에 발을 담그고 놀 뿐이지만, 훗날의 과학자들은 진리의 바다에서 엄청난 비밀을 길어 올릴 것이라고 생각했어. 그리고 정말 그렇게 되었단다.

옛날에 우리 조상들은 어떻게 생각했을까

우리 조상들은 이 세상의 모양을 천원지방(天圓地方)이라고 했단다. 이 말을 풀이하면 '하늘은 둥글고 지구는 네모지다'라는 뜻이야.

　세월이 흐른 뒤에는 지구를 달걀에 비유하게 되었어. 그러니까 달걀 껍질이 하늘이고 노른자를 땅이라고 생각한 거지. 그렇다고 땅이 노른자처럼 둥글다는 것은 아니고, 땅은 평평한데 노른자가 흰자 위에 떠 있는 것처럼 땅도 물 위에 떠 있는 것이라고 생각했단다.

　만약 이때에 누군가가 '지구는 둥글다'거나 '지구가 돈다'라는 말을 했다면 사람들은 어안이 벙벙했을 거야. 지구가 둥글다느니 돈다느니 하는 생각은 우리 나라에서도 오랫동안 금지되어 있었단다.

　조선 시대에 이르러 몇몇 학자들이 '지구는 둥글며 돌고 있다'라는 주장을 하기 시작했어.

　1681년에 태어난 이익이라는 분은 『성호사설』이라는 백과사전을 남겼는데, 이 책 속에 지구에 관한 이야기가 나온단다. 이익은 우리가 살고 있는 땅이 둥글며 지름이 삼만 리 정도인 공처럼 생겼다고 했단다. 지구의 지름이 일만 이천팔백 킬로미터니까 아주 비슷한 수치야.

갈릴레이와 뉴턴이 살았을 때가 우리나라로는 조선 시대였어. 우리 조상들도 갈릴레이와 뉴턴의 소식을 들었을까? 공부를 하다 보니 우리 조상들은 지구와 우주에 대해 어떻게 생각했을까 궁금해졌어.

우리나라에도 과학에 대한 소식이 전해지긴 했던 것 같아. 하지만 텔레비전도 없고, 걸어서 여행을 하던 시절이었으니 먼 나라의 일을 그렇게 빨리는 알 수 없었겠지.

소식이 빨리 전해졌다고 해도, 그렇게 엄청난 사실을 단박에 믿을 수는 없었을 거야. 왜냐하면 우리 조상들도 먼 옛날부터 지구는 당연히 평평하고 움직이지 않는다고 생각하고 살았으니 말이야.

지금이야 지구가 둥글다는 것이 상식이지만, 학교에서 배운 적도 없고 인공위성에서 찍은 지구의 사진을 본 적도 없다면, 어떻게 지구가 둥글다고 생각하겠어? 너희들은 정말로 지구가 둥글게 보인 적이 있니?

우주에 대해서도 마찬가지야. 먼 옛날 우리 조상들은 하늘을 눈에 보이지 않는 둥근 지붕 같은 것이라고 생각했어. '하늘이 무너져도 솟아날 구멍이 있다'라는 속담에도 그런 생각이 숨어 있지.

우리 조상들은 이 세상의 모양을 천원지방(天圓地方)이라고 했단다. 이 말을 풀이하면 '하늘은 둥글고 지구는 네모지다'라는 뜻이야.

세월이 흐른 뒤에는 지구를 달걀에 비유하게 되었어. 그러니까 달걀 껍질이 하늘이고 노른자를 땅이라고 생각한 거지. 그렇다고 땅이 노른자처럼 둥글다는 것은 아니고, 땅은 평평한데 노른자가 흰자 위에 떠 있는 것처럼 땅도 물 위에 떠 있는 것이라고 생각했단다.

만약 이때에 누군가가 '지구는 둥글다'거나 '지구가 돈다'라는 말을 했다면 사람들은 어안이 벙벙했을 거야. 지구가 둥글다느니 돈다느니 하는 생각은 우리 나라에서도 오랫동안 금지되어 있었단다.

조선 시대에 이르러 몇몇 학자들이 '지구는 둥글며 돌고 있다'라는 주장을 하기 시작했어.

1681년에 태어난 이익이라는 분은 『성호사설』이라는 백과사전을 남겼는데, 이 책 속에 지구에 관한 이야기가 나온단다. 이익은 우리가 살고 있는 땅이 둥글며 지름이 삼만 리 정도인 공처럼 생겼다고 했단다. 지구의 지름이 일만 이천팔백 킬로미터니까 아주 비슷한 수치야.

땅이 둥글다는 이야기는 우리 조상들에게 너무나 이상한 말로 들렸어. 우리가 조선에서 똑바로 서서 살고 있는데, 그럼 지구 반대쪽에 사는 사람들은 거꾸로 서서 다닌단 말인가?

이 말에 이익은 이렇게 대답했어. 지구에는 '땅의 중심을 향하는 기운'이 있어서 어디에서나 똑바로 서 있을 수 있다고 말이야.

땅의 중심을 향하는 기운? 그렇다면 이 분은 뉴턴의 중력에 대해 알고 있었던 것일까? 그것에 대해서는 정확히 알 수가 없단다.

어쨌든 조선 시대에 이르러 우리 나라에도 과학을 공부하는 선비들이 여럿 나타나기 시작했어. 이런 선비들을 특별히 실학자라고 불렀단다.

자연과학을 공부하는 선비

조선 시대에 홍대용이라는 선비가 살았단다. 이 분은 과학 공부를 많이 했는데 '지구가 하루에 한 번 자전하여 낮과 밤이 생긴다'고 주장했어.

너희는 아마 홍대용의 이름을 처음 들었을 거야. 위인전에도 없고, 역사책에도 자세히 나오지 않으니까. 하지만 나는 너희에게 이 분에 대해 꼭 알려

주고 싶단다.

조선 시대 선비들 가운데 홍대용은 혼자서 외롭게 과학을 공부한 사람이란다. 누가 알아주지도 않고 높은 벼슬을 주는 것도 아닌데, 과학이 좋아서 그냥 혼자서 공부를 했단다. 인품도 훌륭해서 친구들이나 제자들도 홍대용을 매우 존경했어.

홍대용은 1731년에 태어났는데 조선 시대 양반치고는 참 특이한 사람이었어. 조선 시대 양반이면 누구나 어릴 때부터 과거 공부를 하기 마련이거든. 과거에 급제해서 높은 관직에 오르는 것이 공부의 목적이고 인생의 목표였지.

하지만 홍대용은 그렇지 않았어. 홍대용은 일찌감치 과거 공부에는 뜻을 두지 않았단다. 대신 새로운 배움의 길을 찾겠다고 용감하게 집을 떠났어. 이제 겨우 열두 살의 소년이 말이야.

홍대용은 '석실서원'이라는 학교를 찾아갔단다. 석실서원은 오늘날의 기숙학교처럼 학생들이 먹고 자고 하면서 함께 공부하는 곳이야. 양반 집 아이들이 공부하는 곳이니 제법 살기에 좋은 곳이었겠지 싶지만 전혀 그렇지 않았어.

사람들은 석실서원을 '촌집' '여관'으로 불렀는데, 그만큼 잠자는 것, 먹는 것이 매우 검소하고 소박했단다. 이곳에서는 병이 나지 않을 만큼만 먹고,

홍대용

잠도 아주 조금만 자면서 도를 닦듯이 공부를 했대.

　석실서원에는 여러 가지 까다로운 규칙들이 많이 있었어. 새벽 일찍 일어나 이부자리를 정리하고 책을 읽어야 한다, 마당 청소는 이러이러해야 하고, 윗사람에 대한 예의는 어떠어떠해야 한다 등등. 그중에서도 가장 엄한 규칙은 이것이었어.

　"과거 공부를 하려는 자는 반드시 이곳을 떠나야 한다!"

　홍대용이 왜 석실서원에 왔는지 이제 알겠지?

　이곳에서는 옛 조상들이 이루어 놓은 모든 학문을 다 배웠어. 소학, 대학,

논어, 맹자, 중용, 심경, 근사록…….

아, 정말 머리 아파 보이지? 하지만 꼭 그렇지도 않단다. 알고 보면 그런 대로 다 재미있는 학문이지. 이곳에서는 과거 시험 준비하듯 옛 학자들의 말이나 싯구를 그대로 외우는 게 아니라 어떤 분이 왜, 어떻게 그런 말을 했는지 천천히 곱씹어 생각하고 또 생각하면서 배울 수 있었단다. 그리고 무엇보다도 누가 억지로 시켜서가 아니라 스스로 공부하여 깨우치는 걸 가장 중요하게 생각했어. 홍대용은 일평생 스스로 배워 깨우치는 것을 가장 중요하게 생각했던 사람이야.

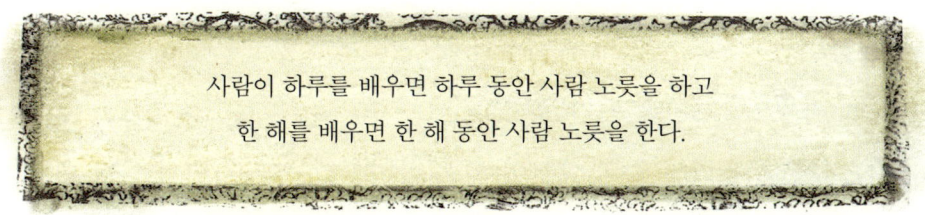

사람이 하루를 배우면 하루 동안 사람 노릇을 하고
한 해를 배우면 한 해 동안 사람 노릇을 한다.

이것이 홍대용의 좌우명이었단다. 홍대용은 독서와 공부의 즐거움은 바로 하늘의 묘함을 얻는 데 있다고 했어. 하늘의 묘함? 그렇단다. 여러 가지 공부를 많이 한 덕분에 홍대용은 삼라만상과 우주에 대해서도 생각하게 되었던 것 같아. 세계와 우주에 대해 골몰한 옛 자연철학자들처럼.

홍대용은 석실서원에서 십 년 동안 공부하고, 그 다음에는 혼자서 과학 공부를 했단다. 벼슬을 포기하고, 그것도 혼자서 자연과학을 공부하는 선비라니! 그 시대 사람들에게 홍대용이 얼마나 이상한 사람으로 보였을지 너희도 짐작이 가지? 지금처럼 과학책이 많은 것도 아니고 스승이 있는 것도 아니니, 그 공부라는 것이 얼마나 어렵고 답답했을까? 함께 이야기를 나눌 사람조차 없었을 테니 말이야. 그러던 중에 과학에 조금이라도 관심이 있는 사람을 만나면 얼마나 흥분되겠어?

이런 때에 홍대용은 과학을 좋아하는 도사 한 분을 알게 된단다. 바로 '나경적'이라고 하는 숨은 과학자였어.

홍대용의 아버지가 전라도의 어느 고을에서 벼슬을 하게 되면서 홍대용을 나경적에게 데려가 주었지. 아버지가 보기에 나경적은 아들이 너무나 좋아할 만한 사람이었기 때문이야.

나경적은 이때 벌써 일흔 살이 넘은 할아버지였는데, 평범한 사람이 아니었지. 이 할아버지는 평생 동안 시골에 묻혀 살면서 훌륭한 과학 기구들을 만들었어. 하지만 아쉽게도 우리 역사책에는 이 분 얘기는 나오지 않는단다. 그저 숨은 과학자로만 전해질 뿐이야.

홍대용은 이 할아버지를 만난 후 과학 공부를 더욱 열심히 하게 되었어. 홍대용이 찾아갔을 때 그의 책상에는 할아버지가 직접 만든 자명종 시계가 놓여 있었다는 이야기만 전해지는데, 내 생각에는 아마도 그 집에는 할아버지

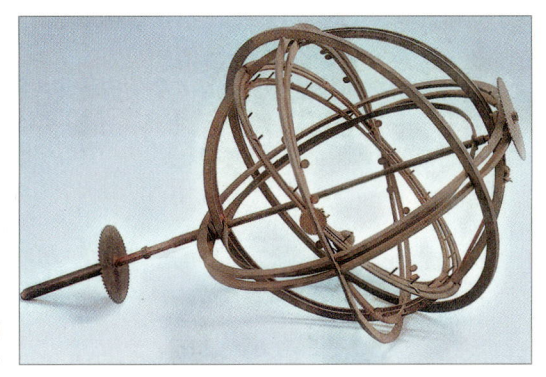
홍대용과 나경적이
손수 만든 혼천의의 일부란다.

가 만들었을 여러 가지 과학 기구들이 쌓여 있어서 마치 오늘날의 과학 박물관처럼 보이지 않았을까 싶단다.

홍대용은 여러 번 이 할아버지를 찾아 뵈었는데, 얼마 후 두 사람은 함께 혼천의를 만들기로 약속했단다. 혼천의는 천문 관측 기구인데, 전에도 있긴 있었지만 별로 정확하지 못했어.

두 사람은 마침내 삼 년 만에 정확한 혼천의를 만들어 냈단다. 365개의 톱니바퀴가 자동으로 돌아가면서 날마다 하늘의 달라지는 모습을 관측할 수 있게 한 것이었지.

그러나 나경적 할아버지는 혼천의를 만든 후에 세상을 뜨고 말았어. 이 할아버지가 죽었을 때 홍대용이 얼마나 슬퍼했을지는 말할 필요도 없을 거야.

'허자'와 '실옹' 이야기

홍대용에게는 한 가지 꿈이 있었어. 과학을 공부하면 할수록 그 꿈은 더 커져만 갔단다. 바로 중국에 가서 서양의 자연과학을 접하는 것이었지. 중국에는 일찍이 선교사들이 드나들면서 갈릴레이와 뉴턴의 발견들을 전해 주었거든.

마침내 서른다섯 살에 홍대용은 평생의 소원을 이루게 된단다. 삼촌이 외교 사절단으로 중국에 가게 되었는데, 홍대용을 개인 비서로 데려가 주었던 거야.

홍대용은 북경에서 선교사들을 만나 천문학과 수학 등 자연과학에 대해 실컷 이야기하며 토론을 벌였단다. 중국에서 홍대용은 망원경으로 태양의

『의산문답』의 배경이 된
의무려산 정상의 모습이란다.

흑점을 관찰하고, 망원경을 사려고 흥정까지 했다고 전해진단다. 예전에 이익은 망원경으로 직접 하늘을 보고 싶었지만, 그 뜻을 이루지는 못했어.

홍대용은 중국에서 돌아와『의산문답(醫山問答)』이라는 책을 썼어.

이 책에서는 '허자(虛者)'라는 사람과 '실옹(實翁)'이라는 사람이 나와서 지구와 우주에 대해 이야기를 나눈단다. 등장인물의 이름만 보아도 벌써 홍대용이 이 책에서 무엇을 말하려는지 짐작할 수 있겠지?

'허자'는 평생 남의 글이나 외우며 헛된 학문을 하는 사람이고 '실옹'은 과학적이고 실용적인 학문을 하는 똑똑한 할아버지라는 뜻이야. 갈릴레이도 천문학에 관한 책을 쓸 때 인물들이 이야기를 나누는 이런 방식으로 썼단다.

이 책에서 홍대용은 지구가 평평하지 않고 둥글며, 또 해와 달이 하루에 한 번 도는 것이 아니라 지구가 하루에 한 번 자전해서 낮과 밤이 생기는 것이라고 주장했어. 또 우주는 끝없이 넓은 세계이며 은하 밖에도 수많은 은하들이 있다고 했단다.

그렇다고 홍대용의 주장이 모두 옳았던 것은 아니야. 홍대용은 지구가 자전하는 것은 알았지만, 태양 둘레를 공전한다고는 생각하지 못했어. 하지만 그것은 중요한 것이 아니란다. 더 중요한 것은 홍대용이 전통적인 생각에서 벗어나 지구와 우주의 구조에 대해 과학적으로 생각할 수 있었다는 거야.

홍대용은 우리 나라에 과학의 불씨를 당겨 주었어. 이익, 홍대용 같은 선비들 덕분에 조선 시대 후기에는 박지원, 박제가, 정약용, 최한기 같은 수많은 실학자들이 생겨날 수 있었단다. 그들은 백성들에게 과학 지식을 널리 알려야 한다고 주장했어. 나는 이 분들에게 '한국의 갈릴레이'라는 별명을 붙여 주고 싶단다.

연금술 이야기

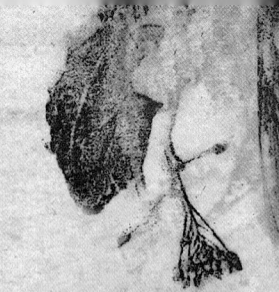

　아, 광대한 우주 이야기는 잠시 접어 두고, 이제 우리 주변의 이야기로 돌아오자. 돌멩이나 나무, 사과, 고양이 같은 손으로 잡을 수 있는 것들 말이야. 먼 옛날 지혜로운 사람들은 하늘의 일도 궁금했지만, 땅의 일도 궁금하게 생각했어.

　'이 세계는 무엇으로 되어 있을까? 식물, 동물, 광물, 바람, 구름……. 이 모든 것들을 쪼개고 또 쪼개면 맨 마지막에는 무엇이 남을까?'

　이에 대해 하고많은 사람들이 하고많은 추측들을 했단다. 자연의 근본 물질을 어떤 사람은 물이라 하고 어떤 사람은 불이라 하고, 또 어떤 사람은 흙이라 하고 어떤 사람은 숫자라 하고, 어떤 사람은 공기라 하고……. 내로라 하는 사람들이 모두들 한마디씩 했지.

　그 중 엠페도클레스라는 사람은 이렇게 생각했어.

　'어떻게 세상 만물이 딱 한 가지로 만들어질 수 있담? 구름과 고양이의 재료가 같을 수는 없어.'

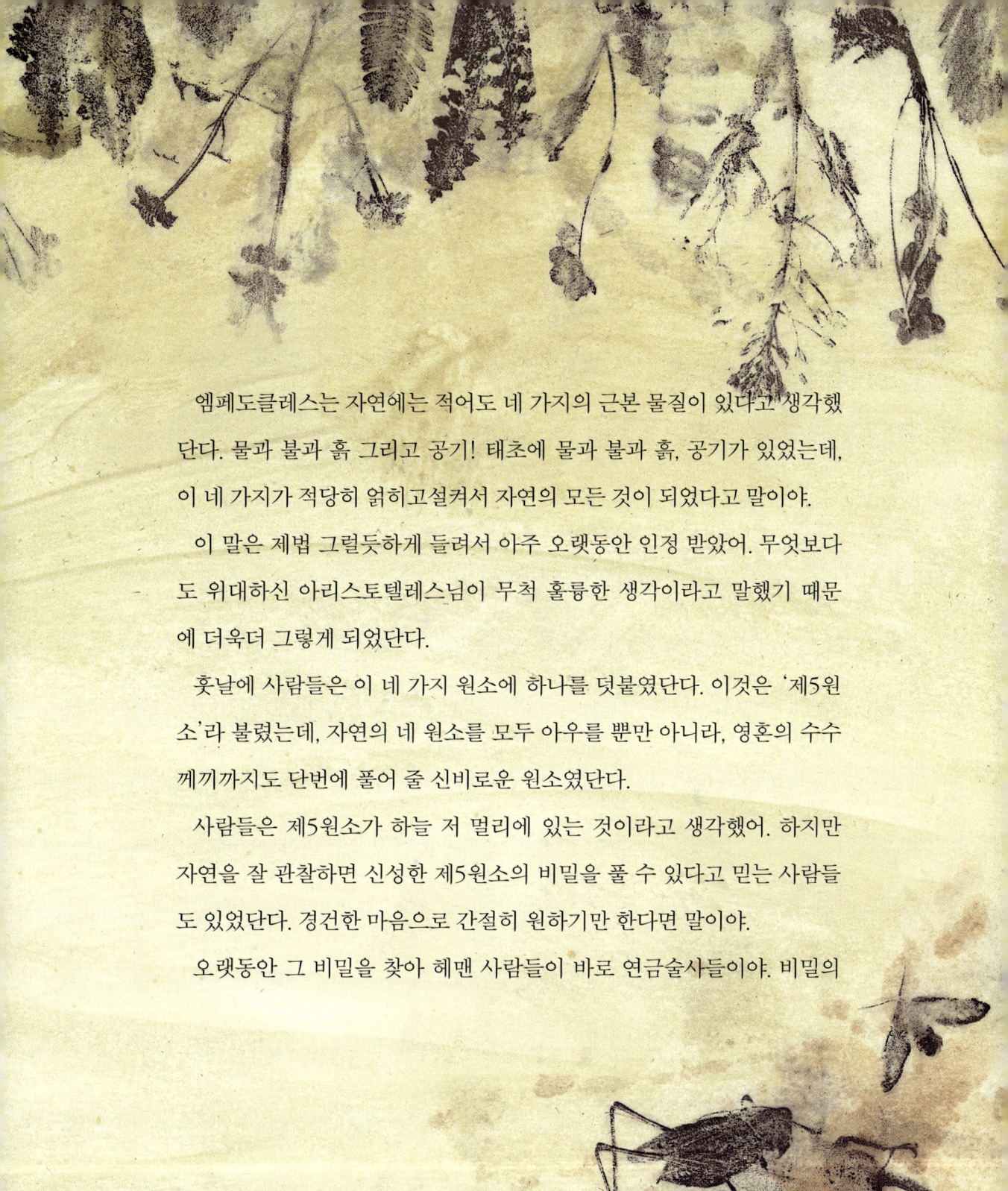

　엠페도클레스는 자연에는 적어도 네 가지의 근본 물질이 있다고 생각했단다. 물과 불과 흙 그리고 공기! 태초에 물과 불과 흙, 공기가 있었는데, 이 네 가지가 적당히 얽히고설켜서 자연의 모든 것이 되었다고 말이야.
　이 말은 제법 그럴듯하게 들려서 아주 오랫동안 인정 받았어. 무엇보다도 위대하신 아리스토텔레스님이 무척 훌륭한 생각이라고 말했기 때문에 더욱더 그렇게 되었단다.
　훗날에 사람들은 이 네 가지 원소에 하나를 덧붙였단다. 이것은 '제5원소'라 불렸는데, 자연의 네 원소를 모두 아우를 뿐만 아니라, 영혼의 수수께끼까지도 단번에 풀어 줄 신비로운 원소였단다.
　사람들은 제5원소가 하늘 저 멀리에 있는 것이라고 생각했어. 하지만 자연을 잘 관찰하면 신성한 제5원소의 비밀을 풀 수 있다고 믿는 사람들도 있었단다. 경건한 마음으로 간절히 원하기만 한다면 말이야.
　오랫동안 그 비밀을 찾아 헤맨 사람들이 바로 연금술사들이야. 비밀의 방에서 마법사의 옷을 입고 괴상한 실험을 하는 사람들.

연금술사들은 '현자의 돌'을 간절하게 원했단다. '현자의 돌'은 흔한 쇳덩이도 금으로 바꾸어 준다는 전설 속의 마법의 돌이야. 연금술사들은 오래 전부터 내려오는 전설 속의 이 돌에 신성한 제5원소의 비밀이 깃들어 있다고 믿었어. 어떻게 하면 '현자의 돌'을 찾을 수 있을까? 그것의 재료는 무엇일까? 연금술사들은 그 재료가 어디에나 있고, 부자나 가난한 사람이나 모두 구할 수 있으며, 진흙처럼 흔한 것일 거라고 생각했단다. 하지만 그 가치는 현자만이 알아볼 수 있지.

나는 연금술사들의 이런 믿음이 본받을 만한 것이라고 생각한단다. 그것은 '진리'를 발견하려는 사람이라면 누구나 가져야 할 올바른 태도야.

연금술사들은 땅에 있는 모든 광물을 가지고 실험했단다. 구리, 납, 철 같은 금속과 길거리에 굴러 다니는 흔한 돌멩이를 가지고.

연금술사의 방은 지금의 화학 실험실과 비슷했어. 불을 지피는 화덕, 증류기, 괴상한 모양의 유리 플라스크들, 재료를 빻는 도자기 그릇, 비밀의 언어로 쓰인 오래된 연금술 책들……. 지금의 화학 실험실과 다른 점이 있다면 이런 것들도 있었다는 거야. 해골과 각종 동물들의 뼛가루, 말똥, 난쟁이를 가두는 병, 박제한 동물들의 눈알, 그리고 마귀를 쫓는 부적!

'기도하라, 읽고 또 읽고 실험하라. 그러면 발견하리니……'

연금술사들은 수백 년 동안 '현자의 돌'을 찾아 헤맸단다. 쇠와 납을 몇천 번이고 불에 달구고 삶고 끓이고 가루로 빻고, 온갖 묘약을 섞어 버무리고 걸러내고……. 하지만 연금술사들은 현자의 돌을 발견하지 못했어. 쇠와 납을 금으로 바꾸는 비법도 찾지 못했지. 대신 그들은 화학자의 조상이 되었단다!

그렇단다. 연금술사들 덕분에 '물질의 과학'이 생겨날 수 있었어. 지구에 있는 물질의 성질을 연금술사보다 더 많이 아는 사람은 없었단다. 증류기 앞에서 마법의 주문을 외던 연금술사의 뒤를 이어 지금은 화학자들이 어려운 화학 기호를 중얼거리게 되었단다.

양팔 저울의 마법사

앙투안 로랑 라부아지에는 진정한 연금술사의 후예로서, 최초의 화학자가 된 사람이란다.

라부아지에는 1743년 프랑스의 파리에서 태어났는데, 다섯 살 때 어머니가 돌아가셔서 외갓집에서 자랐어. 하지만 집안이 부유한 편이라 훌륭한 교육을 받을 수 있었단다. 라부아지에는 상냥한데 다가 똑똑하기까지 했어. 스무 살 때는 나라에서 밤거리를 밝힐 등불 공모전을 열었는데, 여기서 일 등으로 당선되기도 했단다.

라부아지에

라부아지에는 실험을 아주 좋아했지만, 법과 대학을 졸업하고 대농장의 세금 징수원이 되었 어. 돈을 벌면서 좋아하는 과학 실험을 실컷 하고 싶었기 때문이야.

세금 징수원이라면 대개는 좀생이처럼 보이지? 성경에도 사람들이 싫어 하는 왕따 세리 자캐오 이야기가 나오잖아. 밤낮 쪼그려 앉아 돈 계산이나 하는 사람을 훌륭하게 보는 사람은 별로 없을 거야.

그러나 라부아지에는 조금 달랐어. 상냥하고 낭만적이고, 용감한 기사도 정신까지 있었단다. 라부아지에의 직장에 친구이자 상사인 자크 폴즈라는 사람이 있었는데, 열세 살밖에 안 된 그 사람의 딸이 어마어마한 부자에다 괴물같이 생긴 음침한 남자와 억지로 결혼해야 하는 신세가 되었단다. 그 아 이를 구해 줄 방법은 딱 한 가지밖에 없었어. 라부아지에는 그 아이와 결혼 을 해 버렸단다. 그때 신랑의 나이는 스물여덟 살이었고, 나이 차이가 아주 많이 났지만 잘생긴 청년 라부아지에와 어린 신부는 행복하게 살았단다.

하지만 직장에서는 그리 행복하지 못했어. 라부아지에는 이십 년 동안 매일같이 장부에 고개를 박고 일을 해야만 했단다. 겨우 이른 아침 한두 시간 그리고 일주일에 딱 한 번 휴일에만 실험에 몰두할 수 있었어.

라부아지에는 그날을 '행복의 날'이라고 불렀단다. 사람들은 그가 왜 그렇게 행복해하는지 알 수 없었어. 왜냐하면 행복의 날에 한다는 일이 평소에 하는 회계일보다 훨씬 더 지루해 보였으니까. 어떻게 보면 라부아지에의 실험은 회계일과 비슷하기도 했어. 아니 그보다 훨씬 더 참을성이 많이 필요한 일이었지. 그러나 라부아지에는 너무나 즐겁게 실험을 했단다.

어느 날 라부아지에는 지하 실험실에서 금속이 천천히 녹스는 과정을 관찰하고 있었어. 금속이 녹슬면 전보다 더 가벼워질까, 무거워질까, 아니면 똑같을까?

과학자들은 금속이 녹슬면 더 가벼워진다고 했단다. 하지만 라부아지에는 직접 실험으로 확인하지 않은 것은 아무것도 믿지 않았어. 그는 밀폐된 기구를 만들어 금속을 집어넣고, 녹스는 속도를 더 빠르게 하기 위해 불에 데웠어. 그러고 나서 녹슨 금속의 무게를 달아 보았단다. 몇 번이나 실험을 해도 결과는 똑같았어. 녹슨 금속의 무게는 전보다 더 무거워졌어!

도대체 어떻게 된 일일까? 라부아지에는 모든 것을 다시 조사해 보았어. 티끌 만한 금속 부스러기라도 철저히 무게를 달고, 심지어 먼지의 무게까지 계산했단다. 그것도 양팔 저울로! 솔직히 말하면 나는 라부아지에의 실험을

상상할 수조차 없단다. 지금 같은 최첨단 전자 저울도 아니고 양팔 저울로 어떻게 그런 일을 할 수 있었는지!

 아무튼 회계사에 걸맞은 꼼꼼함과 치밀함으로 라부아지에는 그 엄청난 일을 해냈어. 그리고 마침내 범인을 찾아냈지. 범인은 공기였단다! 공기 중의 어떤 성분이 사라져 버렸던 거야. 금속이 녹슨 뒤에 사라져 버린 것, 그는 그것을 '산소'라고 이름 붙였어.

 그러나 산소는 사라진 것이 아니었어! 산소는 녹슨 금속에 달라붙어서 금속을 더 무겁게 만든 거야. 몇 번이나 실험을 해도 사라진 공기의 무게와 늘어난 금속의 무게는 똑같았어.

 라부아지에의 이 실험에서 훗날 그 유명한 '질량 보존의 법칙'이 탄생한단다. 이것은 너희가 커서 화학을 공부하게 되면 제일 먼저 배우게 될 법칙이지. 질량 보존의 법칙이란 한 마디로 '이 세상의 물질은 결코 새로 생겨날 수도 없고 사라질 수도 없다'는 거야.

 이 말을 쉽게 하면, 한 도시가 불에 타서 완전히 없어져 버렸다고 하자. 설령 그렇다고 해도 지구 전체에서 보면 아무것도 없어진 것이 아니란다. 거대한 도시가 다만 재와 연기와 부스러기로 그 모습이 바뀌었을 뿐 사라진 것은 아무것도 없어. 먼지 하나도!

 라부아지에는 공기의 주요 성분이 산소와 질소라는 것도 알아냈어. 그러

라부아지에가 산소를
연구하는 데 사용한 기구란다.

니 더 이상 엠페도클레스의 주장은 맞지 않게 된 거지. 그 옛날에 엠페도클레스는 물, 불, 흙과 함께 공기는 더 이상 나누어지지 않는 근본 물질이라고 했거든.

공기도 나눌 수 있다! 엠페도클레스와 아리스토텔레스는 틀렸다!

과학자들은 다투어 이 세상에 있는 모든 물질들을 쪼개어 보기 시작했어. 물질을 끓이고 삶고, 가루로 부수고, 전기에 지지고, 산성 용액에 담그고.

마침내 화학자들은 어떻게 해도 더 이상 나누어지지 않는 물질이 있다는 것을 알아냈어. 산소와 질소, 구리, 철과 같은 물질은 아무리 실험해도 더 이상 나누어지지 않았지. 과학자들은 이것에 '원소'라는 이름을 붙였단다.

단두대로 간 화학자

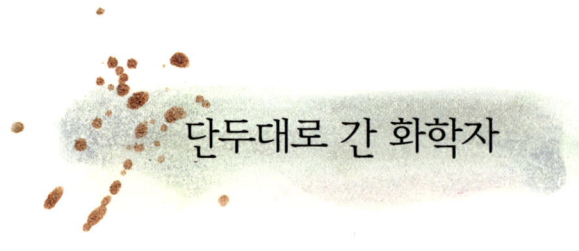

　라부아지에는 살았을 때 이미 위대한 과학자로 명성을 날렸어. 나라에서 주는 보조금으로 연구하는 과학자도 되었지. 그러나 불행하게도 그 연구비는 루이 16세가 준 것이었단다. 프랑스 혁명으로 단두대에서 처형된 그 왕 말이야.

　다른 시대, 다른 나라에서 태어났더라면 라부아지에는 자신의 여생을 좋아하는 과학 실험을 하면서 편안히 살았을지도 몰라. 하지만 프랑스 혁명과 함께 그는 과학의 역사에서 가장 불행한 과학자가 되고 말았어. 불행하게도 그의 직업이 세금 징수원이었기 때문에!

　라부아지에는 1794년 5월 8일 단두대에서 죽음을 맞았어. 혁명가들은 세

금 징수원을 좋아하지 않았어. 그들은 세금 징수원을 '백성들의 피를 빨아먹는 흡혈귀'라고 불렀어. 라부아지에는 그렇지 않았지만, 부당한 방법으로 세금을 가로채는 세금 징수원들이 많았기 때문이야.

재판에서 뛰어난 과학자인 라부아지에를 죽여서는 안 된다는 주장도 나왔지만, 그의 업적도 그를 죽음에서 구하진 못했어. 화가 난 혁명가들은 이렇게 말할 뿐이었지.

"공화국은 과학자를 필요로 하지 않는다!"

라부아지에는 중요한 실험을 위해 보름만 처형을 연기해 달라고 간청했어. 하지만 그의 마지막 소원마저 거부되었단다.

라부아지에의 죽음을 슬퍼하며 라그랑주라는 유명한 수학자는 이런 말을 남겼어.

"라부아지에의 목을 떨어뜨리는 데는 일 분도 걸리지 않았지만, 그와 같은 천재는 백 년이 지나도 두 번 다시 태어나지 못할 것이다."

전기야, 나오너라

인류 역사에서 가장 위대한 발견은 무엇일까? 바로 원시인이 이룩한 불의 발견이란다. 그 다음으로 위대한 발견은 무엇일까?

이것은 어디에나 있는 것이란다. 그런데도 인류는 이것을 너무 늦게 발견했어. 불의 발견에 비하면 비교조차 할 수 없게 늦게! 불은 오십만 년 전에 발견되었는데, 이것이 발견된 지는 사백 년도 채 되지 않는단다.

그게 뭘까? 바로 전기란다.

너희는 전기가 무엇이라고 생각하니? 전기를 콘센트에서 흘러나오는 것으로만 알고 있다면, 이건 물을 수도꼭지에서 나오는 것으로만 생각하는 것

만큼 어리석은 거야. 물은 바다에도 있고 강에도 있고 구름, 흙, 심지어 우리 몸 속에도 있으니까.

  자연에 물이 있는 것처럼 전기도 자연에 원래부터 있던 것이란다! 그런데 눈에 보이지 않아서 그것을 너무나도 늦게 발견했어.

  맨 처음에 전기는 호박 속에서 발견되었단다! 호박이라고? 먹는 호박 말고 보석으로 쓰이는 노랗고 투명한 그 돌멩이 말이야. 호박을 보석으로 다듬으려고 문지르는데, 자꾸만 거기에 무엇이 달라붙잖아? 실도 달라붙고 털도 달라붙고 종이도 달라붙고.

오랫동안 사람들은 그것을 그저 신기한 장난감처럼 생각했단다. 어떤 사람은 호박 속에 신이 살고 있다고도 생각했지.

그러다가 지금으로부터 사백 년 전, 윌리엄 길버트라는 사람이 처음으로 호박에 대해 진지하게 연구하기 시작했어. 길버트는 옛날 과학자로는 드물게 실험하기를 좋아했단다. 그는 호박 외에도 유리나 유황 등 몇 가지 물질들을 문지르면 가벼운 물질을 잘 잡아당긴다는 사실을 알아냈어. 그리고 이런 물질들을 '일렉트리카'라고 불렀는데, 이것이 오늘날 전기를 뜻하는 '일렉트리시티'라는 말의 유래가 되었단다('일렉트리카'는 고대 그리스어로 '호박'이라는 뜻이야).

길버트를 따라 수많은 과학자들이 전기에 대해 관심을 가지기 시작했어. 하지만 전기라는 것이 꼭 호박이나 유리를 문지를 때만 생기는 비밀스러운 어떤 것일까?

마침내 한 과학자가 나타나, 위대한 자연의 또다른 비밀을 밝히게 된단다. "모든 곳에 전기가 있다! 태초부터 자연 속에 전기가 숨어 있었다!"라고 말이야. 이것은 불의 발견에 못지않은 위대한 발견이었어.

자연 속의 전기가 어떻게 발견되었느냐고? 바로 번개 속에서 발견되었단다. 인류에게 전기의 부싯돌을 쥐어 준 사람은 바로 벤저민 프랭클린이야.

인쇄공 프랭클린, 과학자가 되다

프랭클린은 뉴턴이 살았을 때 태어난 사람이란다. 이때만 해도 교양 있는 사람이라면 누구나 뉴턴을 존경하고, 또 과학을 마땅히 공부해야 하는 고귀한 학문이라고 생각했지. 프랭클린도 그런 사람 중의 하나였어.

프랭클린은 세상에서 자기 계발을 가장 잘한 사람이야. 학교라고는 이 년

밖에 다니지 못했지만, 나중에는 유능한 사업가이자 정치가, 과학자가 되었어. 늙어서는 아들에게 아주 재미있는 자서전도 물려주었단다.

> 사랑하는 아들에게
>
> 나는 가난하고 이름 없는 집안에서 태어나고 자랐다. 하지만 그럭저럭 성공해서 세상에 이름도 떨치고 지금은 행복하게 살고 있다. 자기 이야기를 하기 좋아하는 여느 노인들처럼 나도 그러고 싶구나. 하지만 사람들이 늙은이에 대한 예의를 지키느라 내 얘기를 억지로 들으며 따분해하는 꼴은 보고 싶지 않으니, 읽든 말든 마음대로 할 수 있는 글로 내 인생을 남겨 두고 싶다.

이렇게 재미있는 자서전이 또 있을까? 언젠가는 너희도 꼭 읽어 보기 바라.

프랭클린은 1700년대 초 이제 막 미국이라는 나라가 생겨나기 시작했을 무렵에 살았단다.

프랭클린은 가난한 비누 제조업자의 아들로 태어났어. 어릴 때부터 유달리 똑똑했기 때문에 사람들, 특히 아버지 친구 분들이 프랭클린은 나중에 훌

프랭클린

륭한 학자가 될 그릇이라고들 했지.

우쭐한 마음에 아버지는 프랭클린을 라틴어 학교에 보내 주었어. 라틴어 학교는 옛날에 사용하던 오래된 문자를 공부하고, 철학과 신학 같은 어려운 학문을 배우는 곳이었단다. 이곳에서 공부한 사람들은 훗날 학식 높은 훌륭한 성직자가 될 수 있었어.

프랭클린은 공부를 아주 잘해서 학교에 간 지 몇 달 만에 일 등을 하더니 곧 월반까지 하게 되었단다.

그런데 그 사이에 그만 아버지의 마음이 바뀌고 말았지 뭐야. 그도 그럴 것이 대가족을 거느린 처지에 학비가 웬만해야 말이지. (프랭클린의 아버지는 두 명의 부인에게서 자식을 열네 명이나 두었거든.) 아버지는 "에라, 안 되겠다." 하면서 일 년 만에 프랭클린을 라틴어 학교에서 데려와 버렸어. 친구들한테는 이렇게 둘러대었지.

"뭐, 교육을 많이 받는다고 꼭 잘살라는 법은 없잖아?"

그래서 프랭클린은 평범한 아이들이 다니는 학교로 가게 되었어. 하지만 그것도 딱 일 년 뿐이었지. 프랭클린은 읽기와 쓰기는 제법 잘했는데, 셈하기 실력은 영 늘지가 않았어.

그 후 프랭클린은 학교를 그만두고 아버지의 일을 도왔어. 가게에서 비누와 양초를 만들고 심부름도 다니고. 그렇게 한 이 년쯤 흘렀단다.

아버지는 프랭클린이 걱정이었어. 왜냐하면 프랭클린은 장사가 싫다면서, 만날 바다 타령을 했기 때문이야. 조그만 게 걸핏하면 바다로 떠나겠다고 했거든.

아버지는 안 되겠다 싶어 프랭클린을 데리고 여기저기 온 동네를 헤집고 다녔단다. 그러면서 목수, 벽돌공, 선반공, 놋갓장이 들이 일하는 모습을 보여 주었어. 그중에서 프랭클린이 하고 싶은 일이 어떤 건지 찾아 주려고 말이야.

프랭클린은 아버지를 따라 신나게 돌아다녔어. 사람들이 하는 일을 어깨 너머로 배우는 것도 재미있었지. 이 때부터 프랭클린은 기계 다루는 일과 실험하기를 좋아하게 되었단다.

오랫동안 돌아다닌 끝에 아버지는 드디어 결정을 내렸어.

"그래, 대장장이가 좋겠다!"

　마침 친척 한 사람이 대장간을 차렸는데, 거기서 일도 배우게 할 겸 아버지는 프랭클린을 친척 집으로 보냈단다. 그런데 친척이 견습료를 내라고 하자 아버지는 화가 나서 프랭클린을 도로 집으로 데려와 버렸어.

　다행히 프랭클린은 책읽기를 아주 좋아했어. 아버지의 서재에 있는 어려운 책들을 다 읽어 버렸을 정도로. 아버지는 프랭클린의 책벌레 기질을 알아

보고 마침내 결정했단다.

"그래, 인쇄공이 좋겠어!"

　인쇄공 일이 장사보다는 마음에 들었지만, 그래도 프랭클린은 바다 타령을 했어. 아버지는 아들을 달래고 달래서 부랴부랴 인쇄공 계약서에 서명해 버렸지. 이렇게 해서 프랭클린은 엉겁결에 인쇄공이 되었단다. 사실은 프랭클린의 형이 운영하는 인쇄소였지만 말이야.

프랭클린은 인쇄공으로 일하면서 좋아하는 책들을 실컷 읽을 수 있었어. 손님들이 맡긴 책이라서 맘 편히 볼 수는 없었지만, 밤을 새워서라도 읽었단다.

이때 프랭클린은 글쓰기 공부와 독서를 아주 많이 했어. 이 무렵 프랭클린의 형은 미국에서 두 번째로 신문을 발행하기 시작했는데, 사업이 아주 잘 되었어. 프랭클린이 신문에 재미있는 글들을 많이 실어서 더 잘 팔렸단다.

하지만 프랭클린은 형과 사이가 좋지 못했어. 형이 프랭클린을 견습공으로만 대했기 때문이야. 열일곱 살이 되자 프랭클린은 형의 곁을 떠나기로 결심했어.

프랭클린은 책을 팔아서 여비를 마련하고, 식구들 몰래 혼자 뉴욕으로 가는 배를 탔어. 인쇄공 기술이 있으니 어디서든 먹고살 수 있겠지 생각하고 말이야.

1723년 9월, 프랭클린은 돈도 몇 푼 없이 아는 사람 하나 없는 낯선 도시에 첫발을 내디뎠단다. 뉴욕에 도착해서 친구가 소개해 준 인쇄소를 찾아갔더니, 그곳은 이제 일거리가 별로 없어서 인쇄공이 필요 없다는 거야. 그래서 프랭클린은 다시 배를 타고 필라델피아로 향했단다. 하지만 필라델피아에서도 똑같은 소리를 들어야 했지. 지금은 일자리가 없어서 어쩌고저쩌고…….

프랭클린은 간신히 어느 조그만 인쇄소의 직공이 될 수 있었단다. 프랭클린은 일을 아주 잘해 내는 유능한 인쇄공이었어. 인쇄뿐만 아니라 이것저것 아는 것도 많아서 여러 가지 일들을 척척 잘해 내었지.

프랭클린은 학교에는 다니지 못했지만 학교에서 배울 수 있는 것보다 훨씬 더 많은 것을 배우는 법을 자기 스스로 찾아냈단다. '비밀 결사'라고 하는 모임도 만들었는데, 무시무시한 이름과는 달리 아무나 회원이 될 수 있었어. 필경사, 수학자, 측량사, 구두 수선공, 목수, 가게 점원이나 직업이 없는 사람까지……. 회원들은 금요일 밤마다 모여서 마음껏 토론을 벌였어. 주제를 정하고, 책을 읽고, 자기의 생각을 말하고. 프랭클린은 사십 년 동안이나 이 모임을 계속했단다!

이런 사람이 무엇을 한들 성공하지 않을까?

프랭클린은 집을 떠나온 지 얼마 지나지 않아 자기 인쇄소를 갖게 되었어. 신문도 발행하고, 여러 가지 사업도 벌여 크게 성공한 사람이 되었지. 공공 사업에도 뛰어난 재능이 있어서 여러 가지 유익한 일들도 많이 했어. 병원을 세우고, 대학을 설립하고, 공공 도서관을 만들고…….

번개 실험

어느덧 프랭클린은 돈도 많이 벌고 사회에서 존경받는 사람도 되어 그럭저럭 편히 지낼 수 있게 되었단다. 하지만 프랭클린은 빈둥빈둥 살고 싶지 않았어. 그래서 이때부터 인쇄업을 정리하고 남은 여생을 좋아하는 과학 실험에 몰두하기로 결심했어.

프랭클린은 전기에 관한 실험을 아주 많이 했는데, 유리병 속에서 전기 불꽃이 일어나는 신기한 광경을 보려고 사람들이 그의 집으로 몰려왔단다.

프랭클린은 직업이 없는 친구에게 전기 실험하는 법을 가르쳐 주었어. 그 친구는 사람들에게 돈을 받고 전기 불꽃을 보여 주었는데 장사가 아주 잘 되었지.

그리고 몇 년 후 프랭클린은 그 유명한 번개 실험을 하게 된단다. 프랭클린은 하늘의 번개도 전기라고 생각했어. 빗으로 머리를 문지를 때 일어나는 정전기와 하늘의 번개가 같은 것이라고 생각한 거지. '하늘의 번개는 커다란 정전기이다!'라고 말이야. 그것은 정말 대단한 생각이었어.

프랭클린은 영국 왕립 학회에 있는 친구에게 편지를 보냈어. 얼마 후 친구는 너무나도 실망스러운 답장을 보내 왔단다.

"과학자들이 자네의 편지를 돌려 읽었네만, 모두들 코웃음만 쳤다네."

프랭클린은 번개가 전기라는 것을 실험으로 증명해 보여야만 했어.

비가 오고 번개가 치는 날, 프랭클린은 구름 속으로 연을 띄워 올렸어. 연에 줄을 매서 땅에 묶어 두고, 줄 끝에는 열쇠를 달았어. 번개가 정말로 전기라면, 전기가 연 줄을 타고 흘러 열쇠에서도 따다닥 하고 작은 불꽃이 일어날 거라고 생각했단다.

프랭클린은 번개가 칠 때 손가락을 열쇠에 갖다 대었어. 그러자 과연 열쇠에서 작은 불꽃이 튀어올랐어! 이 실험으로 번개가 전기라는 것이 명명백백히 증명되었지.

하지만 프랭클린은 정말로 운이 좋았던 사람이야. 만약 이날 번개가 정통으로 연을 때렸다면, 프랭클린은 어머어마한 전기에 감전되어 죽었을지도 모른단다. (실제로 프랭클린의 번개 실험을 따라하다가 죽은 사람이 두 명이나 된

다는군!)

　번개가 전기라는 사실을 알아낸 결과 프랭클린은 그 유명한 피뢰침을 발명하게 되었지. 비구름 속의 전기를 뾰족한 철침에 모아 땅속 깊은 곳으로 흘려 보내서 우리는 더 이상 벼락을 맞을 염려가 없게 된 거야.

　프랭클린은 남은 생애 동안 조용히 과학 실험을 하면서 살고 싶었단다. 하지만 그에게는 할 일이 너무나 많았어. 얼마 후 미국의 독립전쟁이 시작되었고, 프랭클린은 미국의 대표로 앞장서지 않으면 안 되었어. 마침내 독립이 선언되고 프랭클린은 미국 헌법의 초안을 만들었단다.

　평생 발명가, 과학자, 정치가, 사업가로 많은 일을 하고 무수한 공공사업을 벌였던 벤저민 프랭클린은 지금도 미국 역사상 가장 위대한 인물로 일컬어지고 있단다. 하지만 정작 프랭클린은 자신의 묘비에 이렇게 썼단다.

　"인쇄공 프랭클린."

전기와 자기는 쌍둥이

1800년대는 전기의 시대였어. 이때는 평범한 사람들도 재미 삼아 전기 실험을 많이 했단다. 프랭클린을 따라 번개 실험을 하다가 화상을 입는 사람들도 많았지.

하지만 이때까지만 해도 전기를 만드는 방법은 한 가지뿐이었어. 바로 지금 너희도 해볼 수 있지. 두 물체를 세게 문지르는 것 말이야. 하지만 이런 전기는 생겼다가도 금방 사라져 버리지. (이런 전기를 마찰 전기 또는 정전기라고 부른단다.)

　과학자들은 전기를 만들 수 있는 다른 방법이 없을까 연구하기 시작했어.
　1799년, 마침내 볼타라는 사람이 오늘날의 건전지와 같은 원리로 전지를 만들어 냈단다. 볼타는 구리판과 아연판을 연결해서 전기를 계속 흐르게 하는 데 성공한 거야.
　전기가 물처럼 흐를 수 있다니! 전지의 발명으로 과학자들의 전기 실험은 더욱 활기를 띠게 되었어.
　전기를 연구하는 과학자들은 자석에 대해서도 흥미를 느꼈어. 전기와 자석은 비슷한 점이 아주 많거든. 전기도 물체를 끌어당기고, 자석도 물체를 끌어당기잖아? 또 같은 극끼리는 밀어내고 다른 극끼리는 잡아당기는 것도 같고. 과학자들은 전기와 자석이 무슨 상관이 있지 않을까, 하고 생각하기 시작했단다!

세상에서 가장 부지런한 과학자

 과학의 역사에 나오는 인물들 중에 패러데이만큼 독특한 사람이 있을까? 패러데이는 내 마음을 사로잡은 과학자란다. 위대한 과학자라면 어딘가 조금은 괴짜 같은 구석이 있는 법이잖아? 그런데 패러데이는 그렇지 않았어.
 나는 이 사람이 우리 같은 평범한 사람에 가장 가까운 과학자가 아닐까 생

패러데이

각한단다. 그래서 오래 전에 살았던 사람이지만, 패러데이를 생각하면 마음이 따뜻해지고, 딱딱한 과학의 역사도 이불처럼 폭신하게 느껴진단다.

　패러데이는 가난한 대장장이의 아들로 태어나 제대로 교육을 받은 적도 없으면서 위대한 과학자가 되었어. 이 대목만 보면 평범한 사람이라고 할 수 없겠지. 천재가 아니라면 어떻게 그런 사람이 위대한 과학자가 될 수 있겠어? 하지만 패러데이는 결코 천재라서 위대한 과학자가 된 것이 아니란다.

　패러데이는 죽을 때까지도 수학이나 어려운 과학 이론은 잘 몰랐어. 하지만 실험을 아주 잘했단다. 패러데이는 실험의 대가였어. 실험하고 또 실험하고, 오로지 실험으로만 위대한 과학자가 되었어. 그는 한 가지 실험을 백 번도 아니고 천 번도 아니고 만 번이나 했단다.

　패러데이는 세상에서 가장 성실한 사람이었고, 노인이 되어서는 훌륭한 친구를 만나게 된단다. 좋은 친구를 만나기란 훌륭한 과학자가 되는 것보다 더 어려운 일이야. 그런데 패러데이는 그런 친구를 만났단다. 수학을 모르는 패러데이가 위대한 과학자가 된 건 바로 이 친구 덕분이기도 해. 그 친구 이름은 바로 제임스 맥스웰이야. 과학의 역사를 모르고 교과서만 공부하는 언니 오빠들은 맥스웰이 커피 이름인 줄로만 안단다. 맥스웰은 과학사에서 뉴턴이나 아인슈타인 못지않게 중요한 업적을 남긴 위대한 물리학자인데 말이야.

패러데이와 맥스웰은 나이가 마흔 살쯤 차이 났어. 하지만 두 사람은 세상에서 가장 멋진 친구가 되었지. 이 두 사람, 착하고 인내심 많은 노인 패러데이와 똑똑하고 총명한 젊은이 맥스웰의 감동 어린 우정이 과학사에 길이 남을 세기의 발견을 낳았단다!

세기의 발견? 그렇단다. 이 두 사람에 의해 비로소 전기와 자석의 관계가 밝혀지게 되었기 때문이야. 전기와 자석은 대단히 친한 사이란다. 친한 정도가 아니라 결코 떼려야 뗄 수 없는 사이야. 그것을 실험으로 증명한 사람이 바로 패러데이란다. 그 둘의 관계를 아름다운 수학 방정식으로 만든 사람은 맥스웰이고.

전기와 자석의 관계가 과학사에서 왜 그리 중요한지는 조금 뒤에 알려 줄게. 지금은 가난한 대장장이의 아들 패러데이가 어떻게 과학자가 되었고, 나이도 신분도 다른 패러데이와 맥스웰이 어떻게 아름다운 우정을 나누는 친구가 되었는지 그 이야기를 하려고 한단다.

과학자가 되는 법

패러데이는 1791년 영국 런던에서 태어났어. 패러데이의 아버지는 훌륭한 대장장이로 말발굽을 아주 잘 만들었지만, 가난해서 자식을 계속 학교에 보낼 수가 없었단다. 패러데이는 이제 겨우 읽기와 쓰기, 간단한 셈하기 정도만 배웠을 뿐인데, 아버지는 패러데이에게 학교를 그만두게 했어. 앞으로 대장장이나 할 텐데 공부는 더 해서 무엇하겠느냐면서.

열세 살이 되자 패러데이는 아버지 곁을 떠나 제본소의 견습공으로 일하면서 책 만드는 기술을 배웠어. 인쇄된 종이를 묶어서 책으로 만드는 일 말이야. 처음에는 이 일이 아주 마음에 들었어. 패러데이는 열심히 일해서 일 년만에 견습공 딱지도 떼어 버렸단다.

패러데이는 하루 일을 마치고 저녁에는 책을 읽었어. 주인은 마음씨가 좋아서 패러데이가 손님들이 맡긴 책을 읽는 것을 너그러이 봐주었어.

패러데이가 펼친 책 속에는 새롭고 신기한 내용들이 많았단다. 하루는 『대영백과사전』을 제본하게 되었는데, 패러데이는 이때 처음으로 전기에 대해 알게 되었어. 패러데이는 전기라는 것이 정말 신기하게 생각되었지. 그리고 어떤 부인이 쓴 『화학 이야기』라는 책도 읽었는데 화학이 너무 재미있었지. 이때부터 패러데이는 혼자서 과학을 공부하기 시작했어. 값싼 실험 기구들을 사서 스스로 간단한 실험을 해 보기도 했단다.

그러던 어느 날이었어. 제본소에 온 어떤 손님이 왕립 과학 연구소에서 개최하는 공개 강연을 들을 수 있는 수강증을 패러데이에게 주었단다. 바로 세계적인 과학자인 험프리 데이비의 공개 강연이었어.

데이비는 전기를 연구하는 화학자였는데, 안 그래도 전기에 관심이 많은 패러데이에게 그 강연은 기름에 불을 붙인 격이었지. 설상가상으로 데이비는 그 강연에서 패러데이가 영원히 잊지 못할 말을 하고 말았단다.

"우리 눈에 보이지는 않지만, 우주의 실체 뒤에는 반드시 숨겨진 힘이 존재한다."

이 말은 영원히 패러데이의 가슴에 콱 박혀 버렸어. 짧은 시간이었지만 패러데이는 강연을 열심히 듣고, 그 내용을 공책에 빠짐없이 기록했어. 집에

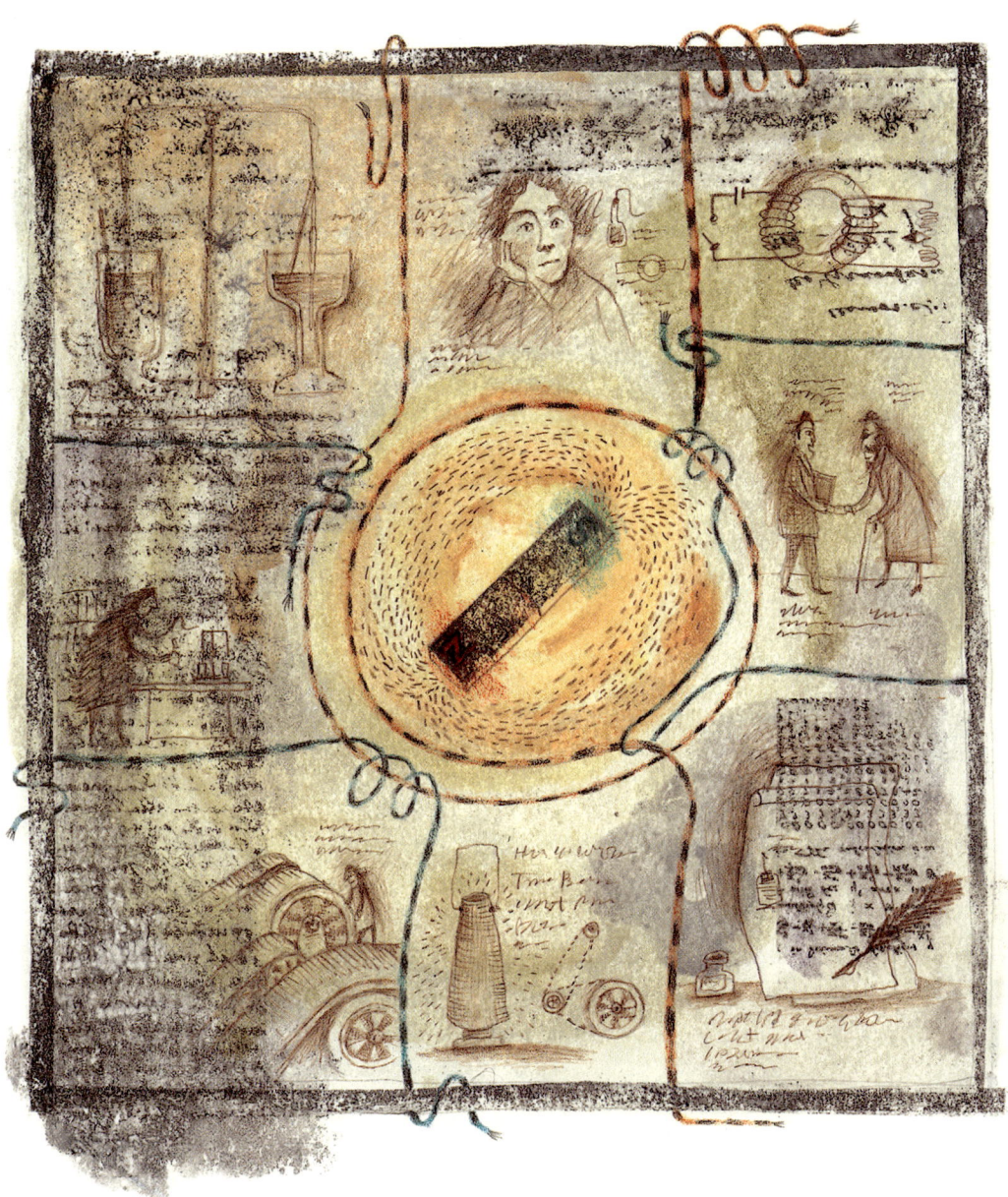

와서는 혼자서 열심히 공부를 했지. 하지만 그것이 화근이었어. 과학을 공부하면 할수록 제본소 일은 하기가 싫어지는 거야.

얼마 후 제본소의 계약 기간이 끝나서 패러데이는 다른 제본소에서 일을 하게 되었어. 그런데 이번 주인은 마음씨가 고약해서 패러데이가 손님들이 맡긴 책을 읽는 것을 몹시 싫어했단다.

패러데이는 더 이상 제본소에서 일하고 싶지 않았어. 무조건 과학자가 되고 싶었단다. 하지만 초등학교도 못 나온 인쇄소의 제본공이 무슨 수로 과학자가 될 수 있었겠어?

가엾은 패러데이는 아끼고 아끼던 공책을 꺼냈어. 공개 강연에서 데이비의 수업 내용을 받아 적은 그 공책 말이야. 패러데이는 공책을 다시 깔끔하게 정리하기 시작했어. 수업 시간에 보았던 실험 기구까지 정성껏 그려 넣었단다.

패러데이는 그 공책에 구멍을 뚫어 가죽과 끈으로 묶고, 멋지게 표지까지 만들었어. 훌륭한 제본가의 솜씨로 최대한 멋지게! 패러데이는 이 공책을 정성껏 싸서 데이비에게 보냈어. 곁에서 일하게 해 달라는 간절한 내용의 편지도 함께 넣어서.

세계적인 과학자가 이름 없는 제본공이 보낸 편지를 거들떠보기나 할까? 그런데 기적이 일어났단다! 데이비는 자기의 수업 내용을 책으로 예쁘게 묶

런던의 왕립 과학 연구소에 있는 패러데이의 실험실이란다.

은 패러데이의 정성에 감동했어. 얼마 후 데이비는 패러데이를 실험 조수로 써 주었단다.

이것이 꿈인가 생시인가? 아마도 패러데이는 몇 번이고 자기 볼을 꼬집어 보았을 거야. 지긋지긋한 제본소를 떠나 과학 실험실에 있게 되다니, 그것도 왕립 과학 연구소의 실험실에!

패러데이는 보잘것없는 자기를 조수로 받아 준 스승 데이비의 은혜를 죽어도 잊지 않으리라 다짐했어.

아, 그런데 이게 어찌된 일일까? 공개 강연에서 그렇게 위대한 과학자처럼 보이던 데이비가 웬일인지 패러데이에게 자꾸만 고약하게 굴었단다. 처음에는 일을 주었다 말았다 하더니 걸핏하면 화를 내고, 이유 없이 패러데이를 멀리하기도 했어.

패러데이는 이해할 수 없는 스승의 행동에 절망했단다. 그렇게 존경하던 사람인데, 그래서 과학자도 되고 싶었는데…….

데이비는 일평생 패러데이에게 친절하게 대한 적이 없었단다. 한낱 실험 조수인 패러데이가 자기보다 훨씬 더 뛰어난 것 같아서 그랬는지도 모르지.

몇 년 후 사정이 조금 나아지긴 했지만, 패러데이는 데이비 곁에서 마음 고생을 많이 했단다. 그래도 패러데이는 스승의 은혜에 보답하려고 열심히 연구를 도왔어. 실험실도 치우고, 시키는 대로 갖가지 실험도 하고…….

전기와 자기의 마술

그 무렵 코펜하겐의 한 실험실에서 작은 사건이 일어났단다.

외르스테드라는 과학자가 공개 강연에서 전기 실험을 하고 있을 때였어. 그때 테이블 위에 우연히 자석 바늘이 놓여 있었는데, 전선에 전기를 흘려보내자 자석 바늘이 옆으로 약간 움직인 거야.

과학자들은 너무나 놀랐어. 아무도 바늘이 움직인 이유를 설명할 수 없었지. 어떻게 전기가 밖으로 튀어나와 공간을 뚫고 바늘을 움직이게 할 수 있단 말인가, 하고 말이야.

패러데이도 오랫동안 이것을 생각했어. 패러데이는 전기가 흐르는 곳 주변에 눈에 보이지는 않지만 소용돌이치는 신비한 힘이 있다고 상상했어. 그

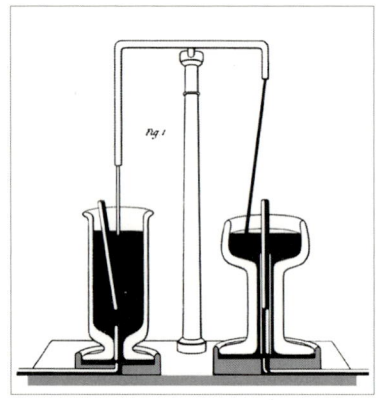
전자기 회전을 조사하는 패러데이의 실험 기구야.
이것이 전기 모터와 발전기 개발로 연결되었단다.

것은 패러데이가 정규 교육을 받지 않은 덕분이기도 하단다. 제대로 공부한 과학도들은 소용돌이치는 신비한 힘 같은 것은 미신이라고 생각했어.

하지만 패러데이는 굳게 믿었단다. 그 신비한 힘이 주변에 있던 자석 바늘을 움직인 게 틀림없다고! 패러데이는 실험으로 자기의 생각이 더욱 옳다고 믿게 되었어.

패러데이는 전기뿐만 아니라 자석 주변에도 신비한 힘이 있다고 생각했단다. 전기 둘레의 신비한 힘이 자석 바늘을 움직였다면, 반대로 자석 둘레의 신비한 힘도 전기를 움직일 것이다, 하고 말이야.

패러데이는 자석을 똑바로 세운 뒤 그 주변에 가느다란 전선을 매달아 놓

앉아. 그러고는 조심스럽게 자석을 움직여 보았지. 바로 그때 그 일이 일어났단다! 전선이 자석 주위를 빙글빙글 돌기 시작한 거야!

"봤지, 봤지, 봤지?"

패러데이는 너무나 기뻐서 외쳐댔어.

그리고 십 년 뒤, 패러데이는 위대한 발견을 하게 된단다. 패러데이의 발견을 간단히 말하면, 자석의 운동으로 전기를 만들 수 있다는 거야. 전지도 필요 없고, 스위치를 켤 필요도 없어. 전선 주변에서 자석을 움직여 주기만 하면 전류가 흘렀단다! 전선을 둥글게 감고 그 안으로 자석을 넣었다 뺐다 하면 많은 전류가 흘렀어. 자석을 빨리 움직일수록 더 많은 전기가 생겼지.

이것이 바로 오늘날에 쓰이는 발전기의 원리란다. 우리가 집에서 마음껏 전기를 쓰게 된 건 바로 패러데이의 이 발견 덕택이란다.

그러나 데이비는 패러데이의 발견을 인정하려고 하지 않았어. 심지어 자기의 생각을 훔쳤다고 비난하고 다녔지. 패러데이는 그렇지 않다고 말했지만, 제본소 견습공 출신인 패러데이의 말을 아무도 믿으려 하지 않았어.

그러나 패러데이는 그런 스승을 한 번도 원망하지 않았어. 그 뒤 전기 실험을 중단하고, 데이비가 죽은 후에야 다시 연구를 시작했단다.

패러데이는 지칠 줄 모르는 실험가였어. 한 연구가 끝나면 또 다른 연구로 끊임없이 연구를 해 나갔어. 광부를 위한 안전등, 화학 약품 등 생활에 유용

1830년대 초, 패러데이 덕분에 전기를 생산해서 산업용이나 가정용 동력으로 공급할 수 있게 되었단다.

한 수많은 발견과 발명을 이루어 냈어.

　패러데이는 자신의 발견이나 발명을 아무런 대가 없이 발표했단다. 명예도 달가워하지 않았어. 모든 학위와 직위를 거절하고, 오로지 과학 연구와 실험에만 몰두했어.

　불행히도 패러데이 부부에게는 아이가 없었단다. 대신 패러데이는 조카나 동네 아이들을 무척 좋아했어. 아이들이 신기한 자연 현상에 대해 물으면 재미있게 대답해 주었지. 패러데이는 매년 성탄절에 어린이들을 위한 과학 강연회를 열었는데, 이건 어린이를 대상으로 한 세계 최초의 과학 강연회였단다. 패러데이는 신기한 과학의 원리들을 재미있게 들려주었어.

위대한 짝꿍

어느덧 패러데이는 늙고 쇠약한 노인이 되었어. 이제 수첩을 들여다보지 않고는 하루를 시작할 수도 없게 되었단다. 어제 한 실험조차 잊어버릴 때가 많았거든.

패러데이는 유명한 과학자가 되었지만, 마음 한 구석은 우울했단다. 과학자들은 패러데이의 발명품들은 인정했지만, 그의 이론은 우습게 여겼어. 패러데이가 오래 전부터 생각했던, 전기와 자석 주변에 신비한 힘이 존재한다는 그 믿음 말이야.

하지만 패러데이는 자기가 수학을 모르기 때문에 이론적으로 증명하지 못할 뿐, 그런 힘이 실제로는 분명히 있다고 믿었단다. 패러데이는 그에 관

맥스웰은 패러데이를 진심으로 존경했단다.

한 실험을 일만 이천 번이나 해 보았어. 그리고 그것을 모두 자료로 남겨 놓았지.

패러데이가 아무리 전기와 자석 주변의 신비한 힘에 대해 이야기해도 과학자들은 그의 말에 귀를 기울이기는커녕 은근히 패러데이를 무시하고 비웃었단다. 과학을 모르는, 한낱 제본소 견습공 출신에 지나지 않는 사람의 미신 같은 생각이라고.

하지만 딱 한 사람만은 그렇지 않았어. 바로 맥스웰이었단다.

사실 맥스웰은 패러데이와는 모든 것이 정반대인 사람이었어. 패러데이는 노인이었고, 맥스웰은 너무나도 젊은 이십 대의 청년이었지. 패러데이는 일

평생 아침 일찍 일어나 성실하게 실험을 하는 사람이었지만, 맥스웰은 절대 일찍 일어나지 못하는 사람이었어. 패러데이는 가난한 대장장이의 아들로 스스로 노력해서 성공한 과학자였고, 맥스웰은 부유한 집안에서 태어나 그럭저럭 훌륭한 교육을 받고 자란 유능한 과학자였지.

맥스웰은 오랫동안 패러데이와 편지를 주고받았어. 그러다가 마침내는 이 노인을 찾아온단다. 패러데이는 그동안 수없이 되풀이한 일만 이천 건이나 되는 두툼한 실험 자료들을 보여 주었어. 맥스웰은 노인이 내미는 한 아름의 종이철을 받아 들고 눈시울을 적셨단다.

'어떤 과학자가 이렇게 실험을 할 수 있단 말인가?'

맥스웰은 패러데이의 인내심에 진심으로 감탄했어. 맥스웰은 한눈에 그 자료의 가치를 알아보았어. 그것이 결코 다른 과학자들이 비웃는 것처럼 유치한 것이 아니라는 것도.

맥스웰은 이 노인이, 보이지 않는 힘이라며 어설프게 그려 놓은 스케치들을 진지하게 받아들였어. 맥스웰은 수학의 대가였어. 패러데이의 실험 자료는 수학 기호로 씌어 있지 않을 뿐, 맥스웰에게는 너무나도 수학적으로 보였단다.

맥스웰은 패러데이의 실험 자료를 꼼꼼하게 수학으로 정리해 주었어. 그러면 패러데이는 고개를 갸우뚱하며 다시 묻곤 했지.

"미안하네만, 좀 더 쉽게 설명해 줄 수 없겠나? 좀 더 쉽게 말이야."

맥스웰은 패러데이에게 몇 번이고 설명을 되풀이해 주었단다. 그래도 패러데이는 도저히 그 어려운 수학을 이해할 수 없었지만 말이야.

두 사람은 서로를 진심으로 존경했어. 한 사람은 실험의 대가로서, 한 사람은 수학과 이론 물리학의 대가로서.

맥스웰은 패러데이의 실험 자료를 바탕으로 위대한 발견을 하게 된단다. 갈릴레이와 뉴턴이 결코 이해하지 못한 빛의 수수께끼를 풀어냈어. 빛이란 전기와 자기가 재빠르게 앞서거니 뒤서거니 하면서 끊임없이 앞으로 나아가는 파도 같은 것이라는 것을!

이 다음에 아인슈타인은 맥스웰의 방정식으로 위대한 상대성 이론을 생각하게 된단다.

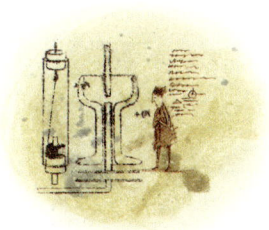

우주의 구조를 상상하다!

아인슈타인은 정말 특이하고 재미있는 사람이었어. 성격이 낙천적이어서 친구들도 아주 많았지. 아인슈타인은 위대한 과학자이기도 하지만, 마음이 너그럽고 남들을 잘 웃긴 철학자이기도 했단다.

너희도 아인슈타인의 사진을 본 적이 있겠지? 아인슈타인 할아버지가 눈을 동그랗게 뜨고 혀를 쏙 내밀고 있는 사진 말이야. 이 사진을 보면 누구라도 웃음이 절로 나올 거야.

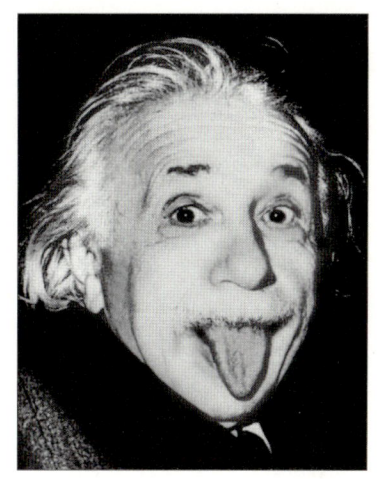
아인슈타인

이 사진 속의 아인슈타인은 세상에서 가장 위대한 발견을 이룩한 과학자라기보다 장난스럽고 재미있는 할아버지 같아. 이 사진은 아인슈타인 할아버지가 일흔두 번째 생일 파티에서 찍은 것인데, 이 사진을 모든 친구들한테 선물로 보냈단다. 정말 재미있는 할아버지지?

아인슈타인은 $E=mc^2$이라는 유명한 공식을 발견했어. 세상에서 가장 아름다운 공식이라고도 불리지. 아름다운 공식이라고? 그렇단다. 이렇게 간단한 공식 속에 어마어마한 우주의 신비가 들어 있기 때문이야. 어떻게 별이 타오르는지, 어떻게 블랙홀이 생기는지, 우주가 어떻게 끝이 나는지…….

아인슈타인은 이 위대한 공식을 실험 한 번 하지 않고 발견했단다. 그것도 연구실이나 실험실에서가 아니라 스위스 한 시골 마을에서 평범한 공무원으로 일하면서!

도대체 어떻게 된 일일까?

죽은 과학자들과 이야기하는 사람

아인슈타인은 1879년 독일의 울름에서 태어났어. 아인슈타인을 천재라고 생각할 만한 일은 별로 없었어. 그냥 평범한 아이처럼 보였단다. 말도 잘 못 하고 장난도 싫어하고, 공상을 하는 것처럼 늘 멍해 보여서 유모는 '심심한 도련님'이라는 별명을 붙여 주었단다. 유모가 있었다고 해서 아인슈타인의 집이 부자였던 것은 아니야. 옛날 유럽의 가정에서는 유모가 아이들을 키우는 것이 일반적인 일이었단다.

아인슈타인의 아버지는 동네에서 조그만 전파상을 하고 있었어. 하지만 벌이가 좋지 않아 식구들이 겨우 먹고살 수 있는 정도였어. 그래도 아버지는 화도 잘 안 내고 무척 태평한 사람이었어. 아인슈타인이 태어났을 때는 조그

아인슈타인이
세 살 때의 사진이야.

만 전기 설비 회사를 차려서 발전기나 측량 기계 같은 것을 만들어 팔았단다. 그런데 사가는 사람이 별로 없었지. 사업이 여러 번 실패해서 아인슈타인 가족은 여러 도시로 이사를 다니면서 살 궁리를 찾아야 했어.

아인슈타인은 열다섯 살이 될 때까지 학교 기숙사에 살면서 가족과 떨어져 지내야 했단다. 하지만 아인슈타인에게 학교 공부는 별로 재미가 없었어. 선생님이 시켜서 억지로 하는 공부에는 전혀 호기심이 생기지 않았지.

그래서 아인슈타인은 학교를 그만두고 부모님에게로 돌아갔어. 그 후 일 년 동안 부모님 곁에서 푹 쉬었단다.

그러던 어느 날 아인슈타인에게 새로운 희망이 생겼어. 스위스에 있는 취리히 공과 대학에서 고등학교 졸업장이 없는 학생도 받아 준다는 거야.

다음 해 아인슈타인은 대학생이 되었어. 졸업하면 수학·물리학 교사가 되고 싶었지. 그래서 물리학과에 등록하려는데 교수가 그러는 거야.

"글쎄, 자네의 열의는 좋지만…… 차라리 의학이나 법학을 하면 어떤가?"

아인슈타인이 물었어.

"교수님, 제가 물리학을 공부하면 왜 안 됩니까?"

"난처하네만, 자네 재능으로는 버거운 학문일 걸세."

교수는 아인슈타인이 좀 딱해 보였어. 썩 뛰어난 학생 같지도 않은데 굳이 어려운 물리학을 공부하겠다고 하니 말이야. 그래도 아인슈타인은 물리학과에 들어갔어. 다른 과목에는 정말로 재능이 없다고 생각했거든.

아인슈타인은 대학 생활도 별로 모범적으로 하지 못했어. 교수가 가르쳐 준 공식은 찢어서 휴지통에 버리고 제멋대로 실험 실습을 했지. 수업을 빼먹는 일도 많았어. 하지만 아인슈타인이 그러는 데는 이유가 있었단다.

아인슈타인은 어릴 때부터 혼자서 과학자들의 책을 읽으며 공부를 많이 했는데, 학교에서는 새로운 생각은 받아들이지 않고 구닥다리 방법으로만 가르쳐 주었기 때문이야.

이 즈음 아인슈타인은 맥스웰을 무척 존경하고 있었단다. 노인이 된 패러데이에게 열심히 수학을 가르쳐 주었던 그 젊은 과학자 말이야. 맥스웰은 빛

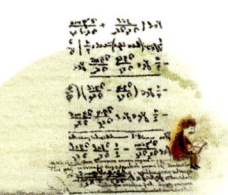

　에 관한 방정식을 만들었는데, 이것은 훗날 뉴턴과 아인슈타인의 다리를 이어 주는 위대한 업적이 되었단다.

　아인슈타인은 혼자 맥스웰의 방정식을 공부했어. 왜냐하면 학교에서는 맥스웰에 대해서 가르쳐 주지 않았기 때문이야. 오히려 교수들은 최신 맥스웰의 이론을 별로 중요하지 않다고 무시해 버렸지. 하지만 아인슈타인은 맥스웰에게서 훗날 상대성 이론에 필요한 영감을 얻게 된단다.

　아인슈타인은 수업을 많이 빼먹고도 다행히 졸업 시험을 통과했어. 그로스만이라고 하는 친구가 수업 내용을 꼼꼼히 적은 공책을 빌려 준 덕분이었지.

　그러나 일자리는 구하지 못했어. 교수들한테 밉보여서 아무도 추천서를 좋게 써 주지 않았기 때문이야.

　아인슈타인은 밥벌이도 못하고 몇 달 동안 부모님의 집에 얹혀 지냈단다. 임시 교사와 보조 교사로 조금 일했지만 그 일도 이내 잘려 버렸지.

　아인슈타인은 막막한 처지가 되었단다. 오죽하면 아버지가 아인슈타인 몰래 교수한테 이런 편지를 보냈을까.

존경하는 교수님께

무례함을 무릅쓰고 감히 글을 올립니다. 아들의 장래를 염려하는 아비의 심정을 너그러이 헤아려 주시기 바랍니다. 요즘 제 아들 녀석은 마땅한 일자리가 없어서 큰 실의에 빠져 있습니다. 혹시라도 녀석에게 이번 학기나 다음 학기라도 조교 자리를 주실 수만 있다면, 감사한 마음 말로 이루 다 표현할 수 없을 것입니다. (어쩌고저쩌고…… 중략) 다시 한번 실례를 무릅쓰고 한 말씀 더 드린다면, 제 아들은 제가 지금 하고 있는 이 유별난 행동에 대해 전혀 모르고 있습니다.

한없이 존경하는 교수님께
당신의 충실한 헤르만 아인슈타인

하지만 아버지의 이런 노력도 별 소용이 없었어. 교수한테서는 영 소식이 없었으니까.

그러나 아인슈타인은 낙천적인 사람이었단다. 언젠가 자기도 그렇게 말했어. "나는 워낙 낙천적인 사람이라 위장이 망가지거나 그 비슷한 일이 아니

아인슈타인의 친구 그로스만이야.

면 우울한 기분에 빠지는 일이 별로 없다."라고.

일자리를 구하는 동안에도 아인슈타인은 계속 물리와 에너지에 대해 생각하며 지냈단다. 혼자 공부하기도 했지만, 친구들과 함께 과학책을 읽기도 했단다. 친구들은 주로 아인슈타인의 집에서 모였어. 저녁을 먹고 나서 함께 책을 읽고 토론을 벌였지. 한 줄 또는 한 페이지에 매달려서 밤새 토론을 벌일 때도 있었단다. 이때 아인슈타인은 과학자들의 책뿐 아니라 문학, 철학에 대해서도 공부를 아주 많이 했단다.

먼 훗날 아인슈타인은 이 때가 인생에서 가장 행복한 시기였다고 말한단다. 그리고 학교에서 배운 것을 모두 합친 것보다 훨씬 더 많은 것을 배우게 해 준 친구들과의 모임을 그리워하며 영원히 잊지 못했어.

 ## 세상에서 가장 아름다운 공식 $E=mc^2$

아인슈타인은 결국 스위스 베른의 특허국 공무원이 되었어. 이번에도 그로스만이 도와 주었는데 그의 아버지가 특허국에 아인슈타인을 소개해 주었지. 일자리를 구했으니 아인슈타인은 결혼도 하고 아이도 낳았어.

아인슈타인은 조용한 시골 마을 베른에서 행복한 나날을 보냈단다. 그 즈음 아인슈타인은 친구한테 보내는 편지에 이렇게 썼단다.

"특허국의 일이 끝나면 매일 여덟 시간씩 그리고 일요일에도 허드렛일을 하고 있다네."

허드렛일이란 물리학 연구를 두고 한 말이야. 아인슈타인은 상사가 보지 않는 틈을 타서 가끔 서랍을 열고는 물리학 연구를 하곤 했어. 농담으로 이

아인슈타인이 일하던
당시 특허국의 모습이란다.

서랍을 자기의 '이론 물리학과'라고 불렀단다. 물론 상사의 눈치가 보여서 자주 열어 보지는 못했지만 말이야.

저녁 때나 일요일에는 가끔 선술집에 가거나 한가로이 산책을 했어. 아인슈타인은 산책을 즐겼는데, 걸으면서 생각하는 것을 아주 좋아했단다.

아인슈타인은 옛날의 현자나 철학자들처럼 일했단다. '우주는 무엇일까, 우주는 어떻게 움직일까'라고 끊임없이 생각하고 또 생각했어. 오랫동안 생각하다가 무엇이 떠오르면 그것을 종이에 적곤 했지. 친구들이 아인슈타인의 집에 가 보면 작은 아파트 거실에서 한 손으로는 아기의 유모차를 흔들고 다른 한 손으로는 무언가를 쓰면서 콧노래를 흥얼거리는 아인슈타인의 모습을 자주 볼 수 있었단다.

　1905년 어느 날, 아인슈타인은 무언가를 골똘히 생각하다가 찜찜한 마음으로 잠이 들었어. 어떤 생각이 풀릴 듯 말 듯 머릿속을 어지럽혔기 때문이야.

　이튿날 아인슈타인은 잠에서 깨어 상쾌한 기분으로 책상으로 달려갔단다. 그러고는 종이에 무언가를 휘갈겨 쓰기 시작했어. $E=mc^2$은 그렇게 탄생했어. 그리고 세상에서 가장 유명한 공식이 되었단다.

　아인슈타인은 오랫동안 우주를 움직이는 신의 섭리, 우주의 법칙에 대해 생각해 왔단다. 아인슈타인은 자연과 우주가 거대한 도서관이며, 인간은 그 도서관에 들어와 있는 어린아이와 같다고 생각했어. 도서관에는 다양한 언어로 쓰인 책들이 천장까지 쌓여 있지. 아이는 누군가가 그 책을 썼다는 것은 알지만, 책에 쓰인 말은 이해하지 못해. 아인슈타인은 어렴풋이 그것을 이해한 사람이 되었고, 그것을 풀 암호 중의 하나를 알아냈어. 바로 $E=mc^2$이란다.

　$E=mc^2$을 말로 풀면 '질량과 에너지는 하나다'라는 뜻이 된단다. 우리는 이 말이 얼마나 엄청난 것인지 실감하기 어렵단다.

　이 말은, 빛의 속도에 가까운 힘을 가해 주기만 하면, 곧 $E=mc^2$이라는 공식에 따라 모든 물질이 에너지로 폭발할 수 있다는 뜻이야. (바로 이 원리에서 원자 폭탄이 만들어졌단다. 조그만 원자핵 하나가 쪼개져서 그 작디작은 질량이 온

도시를 삼켜 버리는 무시무시한 에너지로 돌변하는 것이 원자 폭탄이란다.)

아인슈타인 이전에는 아무도 질량과 에너지를 묶어서 생각하지 못했어. 질량은 질량이고 에너지는 에너지라고 생각했지.

아인슈타인은 질량이나 에너지와는 아무런 상관이 없어 보이는 빛에 대해 끊임없이 생각하다가 번개처럼 그 둘의 관계를 깨달았단다. 우리가 살고 있는 공간에서 일어나는 일 말고, 현기증 나는 빛의 속도에서 일어나는 일들을 상상하다가!

아인슈타인은 자기의 생각을 논문으로 써서 물리학회에 보냈단다. 처음에는 아무도 이 논문을 거들떠보지 않았어. "실험실도 없는 무명의 과학자가 감히 학회에 논문을 보내다니!" 하면서 말이야.

만일 아인슈타인이 실험을 해서 이론을 발표했다면, 모두가 놀라워하면서 주목했을 거야. 그러나 아인슈타인의 이론은 오래 전에 죽은 수많은 과학자들로부터 나온 것이었단다. 이전의 과학자들이 발견해 놓은 위대한 업적들을 끊임없이 되새긴 끝에 아인슈타인은 빛과 빛의 속도에 관해 생각하게 되었지. 그리고 우주에는 그 모두를 아우르는 하나의 법칙이 있을 거라 믿고, 생각하고 또 생각했단다.

아인슈타인의 논문을 검토한 사람들은 그것을 받아들일 수 없었단다. 애송이 과학도가 상상으로 이끌어 낸 이론을 별로 진지하게 생각하지 않았던 거지.

하지만 차츰차츰 아인슈타인의 생각을 주목하는 과학자들이 생겨나기 시작했어. 저명한 과학자들이 하나 둘 이 유별난 공무원을 보려고 베른의 특허국으로 찾아왔지. 과학자들은 복도에서 아인슈타인을 지나치기 십상이었어. 부스스한 머리에 헐렁하고 짤따란 바지를 입은 젊은이가 설마 상대성 이론의 그 과학자일 거라고는 생각도 못했지.

하지만 막상 아인슈타인을 만나서 이야기를 해본 과학자들은 그의 비범함에 깊은 인상을 받고 돌아갔단다.

시공간이 휘어지다!

아인슈타인이 여기에 머물렀다면 과학의 역사책에는 나오겠지만, 지금처럼 코흘리개 아이도 이름을 아는 유명한 사람이 되지는 못했을 거야.

아인슈타인은 자기의 공식이 중력이 작용하는 우주 공간에서는 어떻게 될까 끊임없이 생각했단다.

1907년 어느 날 아인슈타인에게 불현듯 어떤 생각이 떠올랐어. 나중에 아인슈타인은 이 생각을 '내 생애 가장 운 좋은 착상'이라고 말했단다. 그 생각이란 바로 '질량과 에너지가 큰 천체들 주변에서는 시간과 공간이 휘어진다'라는 것이야.

시간과 공간이 휘어지다니! 처음에는 아무도 이 말을 믿지 않았어. 너무나 터무니없는 말처럼 들리니까.

하지만 아인슈타인은 확신했단다. 우주는 시간과 공간이 하나로 뭉쳐 있는 시공간이고, 큰 별들 주변에서는 우주의 시공간이 구부러지고 휘어진다는 것을!

시공간은 뭐고, 시공간이 휘어진다는 것은 또 뭐야?

우리는 결코 시공간이 어떻게 생겼는지 그 모습을 제대로 이해할 수 없단다. 땅바닥에 붙어 사는 개미가 둥근 지구의 모습을 절대 상상할 수 없는 것처럼. 개미는 자기가 사는 곳이 평평하다고 믿고 앞으로 앞으로 나아갔는데, 어느 날 제자리로 돌아와 있는 걸 발견하게 되면 도무지 영문을 알 수 없어 할 거야. 2차원 평면 나라에 사는 개미는 3차원 공간 속의 둥근 공을 한 번도 본 적이 없기 때문에 그 모습을 상상할 수 없단다.

우주의 시공간도 마찬가지야. 우리는 시간과 공간이 하나로 결합된 4차원 우주의 모습을 이해할 수 없단다. 이해는커녕 아예 생각조차 할 수 없지. 그런데 아인슈타인은 그것을 상상해 냈어. 시공간이 하나로 합쳐진, 휘어지고 구부러진 우주의 모습을!

사람들은 당연히 우주도 우리가 살고 있는 이런 3차원 공간일 것이라고 생각했는데, 아인슈타인으로 인해 지금까지 인류가 생각해 왔던 우주의 모습이 완전히 바뀌고 말았어. 아인슈타인은 휘어진 우주의 시공간을 우리가 직접 볼 수는 없지만, 별빛을 이용하면 간접적으로 그것을 관찰해 볼 수 있다고 가르쳐 주었어.

아인슈타인은 일식 때 태양 주변의 별빛을 관찰해 보면 별빛이 휘어질 거라고 예측했어. 커다란 태양의 에너지와 질량이 시공간을 내리눌러서 그 주변이 휘어져 있다고 말이야. (보통 때는 태양 빛이 너무 밝아서 태양 주변의 별빛을 관찰할 수 없단다. 하지만 달이 태양을 완전히 가리는 일식 때가 되면 태양 주변의 별빛을 잘 볼 수 있어.)

과학자들은 떨리는 마음으로 일식을 관찰했어. 정말 태양 주변에서 별빛은 휘어졌단다. 아인슈타인의 예측이 정확하게 맞아떨어진 거야.

이날은 온 세계가 아인슈타인을 주목한 날이었어. 아인슈타인은 단번에 공식 하나를 들고 나타난 예언자가 되어 버렸지. 물론 보통 사람들은 그의 이론을 잘 이해하지 못했단다.

어디를 보는지 알 수 없을 정도로 깊은 생각에 잠겨 있는 아인슈타인의 사진을 보고 사람들은 누구나 예언자의 모습을 떠올렸단다. 세계가 아인슈타인을 천재로, 예언자로 떠받들어도 아인슈타인은 덤덤했어. 그래서 더 예언자처럼 보였는지도 모르지만.

1909년, 아인슈타인은 특허국 공무원을 그만두었어. 취리히 공과 대학의 교수로 가게 되었기 때문이야. 아무것도 모르는 아인슈타인의 상사는 의아

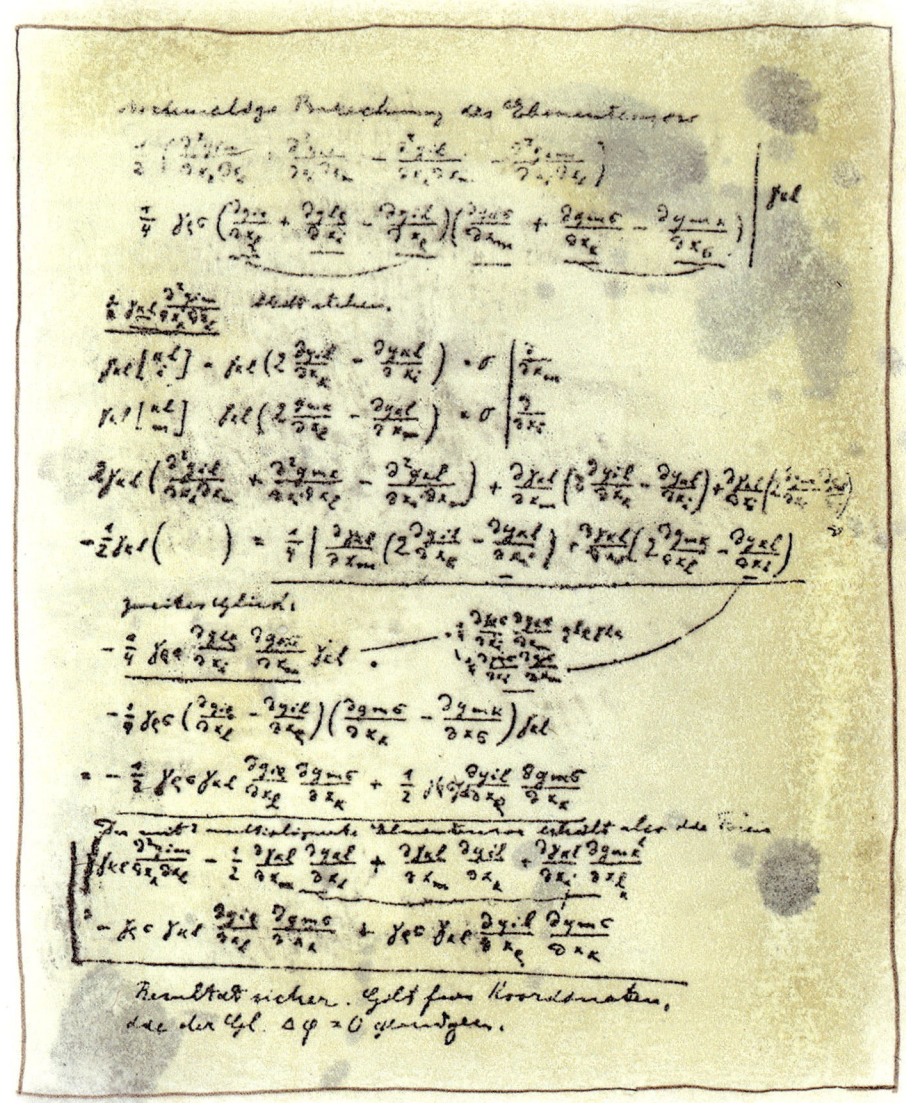

1915년 아인슈타인은 '일반 상대성 이론'이라 불리는 중력에 관한 이론을 발표했단다.
아인슈타인이 직접 쓴 이 원고에는 이 이론을 증명하는 방정식들이 씌어 있어.

프린스턴에 있는 아인슈타인 집이야.
아인슈타인은 한 번도 자동차를 가져 본 적이 없단다.
그래서 이곳에서 연구소까지 매일 걸어 다녔어.

해서 물었어. "이렇게 좋은 직장을 때려치우다니, 자네 미쳤나?" 하고 말이야.

아인슈타인은 전처럼 그저 고요한 생활을 하고 싶었지만, 세상은 그를 가만히 놓아 두지 않았어. 세계 곳곳으로 강연하러 다녀야 했고, 이 학교 저 학교의 교수 노릇을 해야 했지.

1933년, 아인슈타인은 미국으로 갔어. 히틀러의 유대인 박해가 점점 더 심해졌기 때문이야.

미국에서 아인슈타인은 프린스턴 연구소에 딸린 메르세르 가의 조그맣고 하얀 목조집에서 살았단다. 이층에는 아인슈타인의 서재가 있었어. 서재에는 아인슈타인이 가장 존경하는 과학자 패러데이와 맥스웰 그리고 뉴턴의 초상화가 걸려 있었지.

 아인슈타인은 자신의 명성은 아랑곳없이 검소하고 소박한 삶을 살았어.

 1955년, 아인슈타인은 가족들이 지켜보는 가운데 조용히 숨을 거두었어. 그의 유언대로 장례식은 조촐하게 치러졌고, 화려한 꽃도 비석도 없었지. 아인슈타인은 자기의 무덤 앞에 어떤 기념비도 세우지 말라고 했어.

 그래서 지금도 아인슈타인의 집으로 가는 길은 찾기가 어렵단다. 집으로 가는 오솔길 입구에 조그만 글씨로 '아인슈타인의 집'이라고 적힌 낡은 팻말 하나만 달랑 서 있을 뿐이야.

 맺음말

과학자와 재미있게 놀았니?

이제 고백해야겠다.

나는 원래 과학을 좋아하지 않았어. 어른이 될 때까지 죽 그랬단다. 그런데 갑자기 기적이 일어났어. 내가 과학을 좋아하게 된 거야!

그 기적은 이렇게 시작되었어.

어느 날 나는 칼 세이건이 쓴 『코스모스』라는 책을 읽고 있었어. 그런데 그 속에 내가 몰랐던 과학자들의 이야기가 나오는 거야. 과학자들의 이야기가 너무너무 재미있게 쓰여 있었지. 과학자들이 이렇게 재미있는 사람들이었다니, 이런 이야기가 과학 속에 숨어 있었다니 하고 깜짝 놀랐단다.

너희도 과학자들의 이야기가 재미있었길 바래.

이 책을 다 읽었으면 다음에 너희가 해야 할 일은 이것이란다. 자기가 가장 좋아하는 과학자 정하기!

좋아하는 과학자가 생겼으면 그 과학자에 대한 전기도 읽어 보고, 사진도 구해 보고, 그 과학자에 대해 공부도 하는 거야. 과학자들을 좋아하면 과학이 저절로 좋아지고, 그러면 과학이 자꾸 공부하고 싶어진단다.

내가 경험해 보았으니 이건 틀림없는 사실이야.

글쓴이 김성화·권수진

우리 두 사람은 어릴 때부터 친구예요. 과학을 좋아해서 아이들을 위한 과학 이야기를 쓰고 있어요. 각각 부산 대학교 생물학과와 분자생물학과를 졸업했습니다. 그동안 『고래는 왜 바다로 갔을까』 『얘들아, 정말 과학자가 되고 싶니?』 들을 비롯해 여러 책을 함께 썼습니다.

그린이 이광익

서울 변두리에서 태어난 저의 별자리는 황소자리예요. 황소처럼 크고, 힘세고, 멋지게 그림을 그리려고 열심히 연필을 깎고 스케치를 하고 붓질을 합니다. 그동안 『황금손을 가진 미다스 왕』 『재주꾼 삼총사』 『메주도사』 『백두산 천지가 생겨난 이야기』 들에 그림을 그렸습니다.